歴史文化ライブラリー

170

歌舞伎と人形浄瑠璃

田口章子

吉川弘文館

目次

近世演劇への新しいアプローチ——プロローグ

1　近世演劇への新しいアプローチ

演劇のなかの二つの原理

男性原理と女性原理

歌舞伎はお国《くに》という男装の女性によってはじめられた。その後、法令によって、歌舞伎は女を排除し、男が演じるようになっていったが、実は歌舞伎を考えるとき、男装した女が歌舞伎をはじめたという事実は重要である。

男性原理、女性原理の葛藤《かっとう》と調和、あるいは対立と融和というもっとも根本の構造が、男装の女性が、歌舞伎をはじめた事実のなかにしっかりあらわれている。このふたつが絡み合って、歌舞伎は歴史を刻んでいった。

歌舞伎とならんで江戸時代の二大娯楽であった人形浄瑠璃《じようるり》・文楽《ぶんらく》にも、同様の構造が認られる。

たがいに本質を異にする芸能でありながら、影響しあい、存在価値を主張しあってきた歌舞伎と人形浄瑠璃・文楽。その歴史をとらえてみると、そこには、男女両原理の葛藤と調和の原則が基本の構造となってあらわれている。

対立する二つの原理で考えるという方法は、説明のつかない事象が、ある基本的な原理によって動かされているという視点によっている。

キーワード

男性原理・女性原理ということばは、もともと心理学の用語である。この場合、「男性」「女性」は男女の性別に対応するものではなく、イメージとしての「男性」「女性」であり、便宜上つかわれる記号で、人が性別をとわず、内包するものを意味する。つまり、男性原理・女性原理とは、ものごとを考えていくためのキーワードである。

男性原理、女性原理を別のことばで表現すれば、

男性原理の属性——精神・合理・言語・道徳・イデア・昼・建前

女性原理の属性——肉体・非合理・非言語・本能・イコン・夜・本音

といったことばに置きかえることができよう。

精神に対しては肉体、合理に対しては非合理、言語に対しては非言語、道徳に対しては本能、イデアに対してはイコン、昼に対しては夜、建前に対しては本音。このような二項の対立をイメージする観念である。

男性原理と女性原理の観点を取り入れることで、明らかになる近世演劇の構造について、まとめてみると次のようなことになる。

近世演劇の構造

① 歌舞伎と人形浄瑠璃・文楽は本質を異にする。歌舞伎は女性原理優位、人形浄瑠璃は男性原理優位の演劇である。

② しかし、歌舞伎は女性原理だけでは説明しきれず、人形浄瑠璃は男性原理だけでは説明できない。歌舞伎も人形浄瑠璃もそれぞれが女性原理と男性原理の両原理をそなえている。

③ 両者ともたがいに、相手の原理を取り込むことによって、また独自に両原理の摂取と調和をはかることによって再生・復活する。

両原理が絡み合って、歌舞伎と人形浄瑠璃・文楽の舞台の歴史が展開していったことを、演劇史をたどりながら明らかにしていくことにする。

官憲の取締りと歌舞伎の歴史

江戸時代、歌舞伎は官憲の取締りによって、たえず、変質してきた。歴史をふりかえったとき、歌舞伎があゆんできた道のりは、まさに生き残るための闘いの歴史だったといえる。

対立原理との葛藤

歌舞伎は、五代将軍綱吉《つなよし》の天和《てんな》の治《ち》、八代将軍吉宗《よしむね》の享保《きょうほう》の改革、松平定信《さだのぶ》による寛政《かんせい》の改革、水野忠邦《ただくに》による天保《てんぽう》の改革のたびに、バランスを崩して勢いを失った。

政治との関係から歌舞伎史を、創始期・元禄《げんろく》歌舞伎・天明《てんめい》歌舞伎・化政期《かせいき》歌舞伎・幕末歌舞伎の五期に分けた時代区分（諏訪春雄『歌舞伎史の画証的研究』所収「第四章第一節歌舞伎史と絵画史」）にしたがって、歌舞伎史の推移を男性原理と女性原理という観点からみてみると、両原理の闘いだったということが、はっきり示されている。

政治がうまくいっていないとき、文化は花開き、為政者が有能で政治に励み、庶民を管理すると世の中は不景気となった。幕府が統治のために、男性原理の秩序を回復させようとするとき、女性原理優位の歌舞伎はたえず、その標的とされ、目の敵《かたき》にされたのである。

対立原理との葛藤のなかで、歌舞伎が歴史を刻んでいったということを概観してみよう。

創始期　お国によってはじめられた歌舞伎が、やがて遊女によって展開されたとき、扇情的《せんじょう》で風紀をみだすという理由で、女が舞台に立つことが禁止され、女が歌舞伎をやることは断たれた。お国とほぼ同時期に若衆《わかしゅ》たちによって行なわれていた若衆歌舞伎がにわかに浮上、盛行したものの、やはり、風紀をみだすとして、幕府から禁止の憂《う》き目をみた。

しかし、男が女を演じ、女形《おんながた》を誕生させたことで、歌舞伎はにわかに復活、野郎《やろう》歌舞伎として、あらたなスタートをきったのである。

歌舞伎は誕生のはじめから、秩序維持に躍起となった幕府の弾圧をのがれることはできず、闘いながら、あらたな方向を見出すという方法で、たえず進化していった。

元禄歌舞伎　綱吉は将軍職を継いだ当初、「天和の治」と呼ばれる政治改革に着手し成果をあげたが、のちに生類憐《しょうるいあわ》れみの令により、犬公方《いぬくぼう》とまでさげすまれ、側用人柳沢吉保《やなぎさわよしやす》や荻原重秀《おぎわらしげひで》らの重用で、賄賂《わいろ》政治が横行、相次ぐ貨幣の改悪などにより、幕府政治は弛緩《しかん》した。政治が乱れているさなか、延宝から享保におよぶ約七〇年間、庶民勢力の進展によって栄えたのが元禄《げんろく》歌舞伎時代である。劇場は後世の典型をほぼ完成させ、江戸では四座（のちに三座）、京では三座、大坂では四つの芝居小屋が常時興行を行なっていた。上演形式も整備され、立役《たちやく》・女方《おんながた》・敵役《かたきやく》・道化方《どうけがた》・親仁方《おやじがた》・子方《こかた》・若衆方《わかしゅがた》・花車方《かしゃがた》といった重要な役柄を確立させた。江戸では荒事芸《あらごとげい》の創始者市川団十郎、上方では和事芸《わごとげい》を完成した坂田藤十郎や女形《おんながた》の大成者芳沢《よしざわ》あやめらはこの期のスターである。近松門左衛門《ちかまつもんざえもん》は、これらの役者を生かすために作品を提供した。

天明歌舞伎

十八世紀のはじまりとともに、人形浄瑠璃が全盛期をむかえ、歌舞伎はしだいに勢いをなくしていった。人々が歌舞伎役者の身体演技よりも、人形浄瑠璃の世界に切実な現代性を求めたことが、人気の理由のひとつではあるが、歌舞伎界が活気をうしなった重要な原因は、八代将軍吉宗が質素倹約《しっそけんやく》をうたった享保《きょうほう》の改革にあった。

華やかさの象徴である歌舞伎は抑圧され、劇場の建築様式、役者の舞台衣裳、化粧、脚本の内容にまで幕府は干渉した。

しかし、改革の締め付けがしだいにゆるみだし、田沼時代になると、ふたたび、財政は放漫状態となっていった。勢いを失いかけた歌舞伎が目をつけたのは、人形浄瑠璃の戯曲であった。

もともと、役者を舞台上でいかに格好よくみせるか、あるいは得意芸をつなぐための骨組み、筋書き程度の役割しかない歌舞伎脚本の不備をおぎなうために、劇文学性を人形浄瑠璃から借用することをやってのけたのである。

この戦略はみごとに効を奏し、「操《あやつ》り段々《だんだん》流行して歌舞伎はなきがごとし」といわれるほどの衰退ぶりを挽回《ばんかい》し、元文から寛政初期のおよぶ約六〇年、天明歌舞伎時代を花ひらかせる。

三大名作といわれる『仮名手本忠臣蔵《かなでほんちゅうしんぐら》』『義経千本桜《よしつねせんぼんざくら》』『菅原伝授手習鑑《すがわらでんじゅてならいかがみ》』も実はすべてこの時期に人形浄瑠璃で上演された作品を歌舞伎化したものである。これが義太夫狂言《ぎだゆうきょうげん》といわれるもので、歌舞伎はこの方法によって、脚本だけでなく、演技、演出の質を大きく変化させた。

浄瑠璃作者から歌舞伎作者に転向した並木正三《なみきしょうざ》は、人形浄瑠璃の作劇法を応用し、大きなスケールで、劇的な物語を展開させるために、舞台機構を工夫し、ドラマ性にくわえ、スペクタクル性の強いショー的な性格を歌舞伎に付与した。

舞踊劇の名作が生まれたのもこの時期である。こんにちでも人気をほこる『京鹿子娘《きょうがのこむすめ》道成寺《どうじょうじ》』『鷺娘《さぎむすめ》』などの長唄《ながうた》舞踊が初代瀬川菊之丞《せがわきくのじょう》や初代中村富十郎《とみじゅうろう》といった女形によって初演された。江戸で常磐津《ときわず》、富本《とみもと》、宮薗《みやぞの》といった豊後節《ぶんごぶし》系の浄瑠璃がはやると、いままでは女形専売だった舞踊に立役の役者が進出し、新しい舞踊の世界を展開した。

化政期歌舞伎

天明期を中心とした田沼意次《たぬまおきつぐ》の放漫政策にくわえ、天災地震、一揆、打ちこわしは、徳川幕府の封建制を大きくゆさぶった。老中首座松平定信を中心に推し進められた寛政の改革は、贅沢《ぜいたく》を禁じ、歌舞伎を目の敵に、風俗取締り令を断行。隆盛をきわめた天明歌舞伎は終息したのである。

歌舞伎が新しい展開をみせたのは、文化・文政期を中心にした、寛政中期から天保末期におよぶ約五〇年の化政期《かせいき》歌舞伎時代である。寛政の改革の反動として、十一代将軍家斉《いえなり》は大御所《おおごしょ》時代といわれる華やかで、放縦《ほうしょう》な時代相を現出させたのである。

歌舞伎作者鶴屋南北《つるやなんぼく》と仲間たち――五代目松本幸四郎《こうしろう》、三代目尾上《おのえ》菊五郎、七代目市川団十郎、三代目坂東三津五郎《ばんどうみつごろう》、五代目岩井半四郎《いわいはんしろう》ら、実力のある個性的な役者によって作り出された江戸歌舞伎の黄金期といえる。とりわけ鬼才南北は、江戸下層庶民の人情と市井《しせい》の風俗を、江戸口語で舞台化してみせた生世話《きぜわ》狂言を確立、ひと皮むいた生身の人間の真の姿をデフォルメしてみせた。

ひとりの踊り手が早替《はやがわ》りで種々に扮装《ふんそう》をかえて、七、九、一二と何役も踊りわける変化《へんげ》舞踊が流行したのもこの時期で、テンポの速さとスピーディな変化が当時の観客をよろこばせたのである。

幕末歌舞伎

一八四一年から四三年にかけて老中水野忠邦《ただくに》を中心に行なわれた天保の改革は歌舞伎界に衝撃をあたえた。

役者は食事、外出、旅行、住居といったプライベートな面まで統制され、役者絵《やくしゃえ》の出版も禁止というきびしい状況をしいられた。とくに今まで市中にあった江戸三座の浅草猿若町《あさくささるわかちょう》への強制移転命令は、芝居関係者を動揺させた。化政期歌舞伎時代はこうして終焉《しゅうえん》をむかえた。

天保末期から慶応におよぶ約三〇年、幕末歌舞伎時代をリードしたのが、四代目市川小団次《こだんじ》と歌舞伎作者の河竹黙阿弥《かわたけもくあみ》である。江戸生まれの上方《かみがた》役者小団次は早替りや宙《ちゅう》のりで江戸庶民の心をあっという間につかむ。黙阿弥とコンビを組み、身近な市井の人物をそのまま主役に仕立て、幕末期の下層庶民の不安な心情を描き出した『十六夜清心《いざよいせいしん》』『三人吉三《さんにんきちさ》』『縮屋新助《ちぢみやしんすけ》』『村井長庵《むらいちょうあん》』など、いずれも市井の小悪党《こあくとう》の強請場《ゆすりば》、濡れ場《ぬればば》、責め場《せば》、を中心に七五調の音楽的なせりふや下座《げざ》音楽、隣の家から聞こえてくるという設定で情景を表現する他所事《よそごと》浄瑠璃などの手法を駆使して江戸庶民をよわせた。

歌舞伎と人形浄瑠璃の誕生

精神と肉体

お国は踊る

歌舞伎踊

「阿国歌舞伎図屏風《おくにかぶきずびょうぶ》」（図1　京都国立博物館蔵、六曲一隻）に描かれているのが、歌舞伎の創始者といわれるお国である。今にも動き出しそうな、そしてお囃子《はやし》の音までが聞こえてきそうな舞台。視覚と聴覚を刺激させられる、たまらなく魅力的な絵面《えめん》である。

歌舞伎は男の世界ということになっているが、この原則は歌舞伎が歩んでいく過程ででき上がったもので、もともとは女を中心にはじめられた男女共演の芸能であった。その女というのが屏風に描かれているお国である。慶長八年（一六〇三）の春に突然京都にあらわれて「歌舞伎踊《かぶきおどり》」を演じたのが歌舞伎のはじまりとされている。

図1　お国は踊る（「阿国歌舞伎図屏風」，京都国立博物館蔵）

茶屋遊び　その内容は踊りと寸劇をみせるもので、「かぶき」「かぶき」と騒がれたのは、寸劇の茶屋遊びの芸態にあった。

徳川幕府の草創期のできごとを編年体でしるした『当代記《とうだいき》』慶長八年四月十六日の条にこんな記録がある。

此頃カフキ躍《おどり》ト云事有《いうことあり》、出雲国神子《みこ》女、名は国《くに》但非好女、出仕《しゅつしつかまつり》京都へ上ル、縦《たとえ》ハ異風ナル男ノマネヲシテ、刀・脇指・衣装以下、殊ニ異相也。彼男茶屋ノ女トタハムルル体有難クシタリ、京ノ上下賞翫《しょうがん》スル事不斜《なのめならず》

妙にリアル感をともなっているので、原文のまま紹介したが、これがお国の演じた歌舞

伎の中身をしるしたものである。出雲国出身の巫女で、国という女（この記述「好女ニ非《あら》ズ」に従えば、お国は美人ではなかったらしい）が、刀・脇ざし・衣裳にいたるまで異風な男のまねをして、茶屋の女と戯《たわむ》れる様子を舞台化してみせたというものである。「異風ナル男」というのは当時市中に横行していた「かぶき者」といわれる戦国乱世で主家を失った浪人者たちのこと。お国が主役にしたてたほどだから、彼らの人目に立つような服装や装身具を身につけて闊歩《かっぽ》する姿は、庶民にとってはおそれながらもあこがれだったのだろう。「茶屋ノ女」というのは酒や肴《さかな》を饗応し、求めによっては売春もするという当時新興の盛り場に続出した茶屋の接待女のことである。

お国は、華美な装束（首にかけたロザリオはとくに目を引いた。ロザリオを首からかけてアクセサリーにしてしまうという発想からして大胆そのものだ）に身をつつんで茶屋に出入りしていたかぶき者に扮《ふん》し、茶屋遊びのさまを物まねで寸劇にしてみせた。劇中酒宴の席では当然歌ったり踊ったりをみせたわけで、いかにも踊りがうまそうなお国が、ここぞとばかり、本領を発揮したにちがいない。

風俗の舞台化

「阿国歌舞伎図屛風」に描かれているのは酒を飲み、流行歌を歌い、かぶき者に扮したお国が得意になって踊っている場面であろう。ちなみに、かぶき者に扮したお国の踊を下から見上げているのは、男が茶屋の接待女に女装したもの。お国のかたわらで頬かぶりをし、床几《しょうぎ》をかかえているのが、かぶき者のお供《とも》の猿若《さるわか》である。

この構図は当時たくさん描かれた「洛中洛外図屏風《らくちゅうらくがいずびょうぶ》」に必ず登場していることから、これがお国の歌舞伎の芸態——男装したお国が茶屋遊びの寸劇をみせる——だったことはたしかである。この眼目の茶屋遊びをみせるために風俗を舞台化し、寸劇にしてみせるという工夫が新しい芸能として人々の注目を集めたのである。

ここで強調したいことは、歌舞伎が肉体を優越させながらも、ことばを取り入れているということである。肉体を表現の手段として舞台上で自己主張したが、茶屋遊びでせりふによる舞台運びをみせたのだ。ここにお国が歌舞伎の創始者といわれる所以《ゆえん》がある。

ところで、お国が歌舞伎踊をはじめた当初、一座の伴奏をする囃子座《はやしざ》の楽器は、中世以来の芸能である能の伴奏と同じ小鼓《こつづみ》、大鼓《おおつづみ》、太鼓《たいこ》、笛などであった。江戸時代のはじまりを告げる象徴的な楽器——三味線《しゃみせん》は、歌舞伎踊をはじめた当初、お国の舞台には登場していない。能と同じ囃子でありながら、舞を基本とした能とは異質の踊りをみせたわけで、お国の踊に、いかに当時の人々の注目度が高かったが想像される。

「歌舞伎踊」で注目をあびる前、お国はなにをしていたかといえば、やはり踊っていた。はじめは五条の東の橋詰で「ややこ踊」――少女が数人で踊る、愛くるしさを売り物にした踊である。そして、北野神社の東に舞台をもうけ、僧衣をまとい、艶《つや》っぽく、念仏をリズミカルにうたいながら踊る「念仏踊《ねんぶつおどり》」の勧進《かんじん》興行を行ない、やがて、官能を刺激する性の倒錯《とうさく》と「茶屋遊び」の趣向でガラリとかえてみせた「歌舞伎踊」をはじめたのである。もちろんお国ひとりで「歌舞伎踊」を創始したわけではなく、お国一座をプロデュースする人が当然いたであろう。

お国の出自

お国の出自《しゅつじ》について、お国が「出雲《いずも》出身」と自称しているというのに、出雲出身で出雲大社の巫女《みこ》であったとかなかったとか、京周辺の芸能者の一座出身とか、加賀国出身のアルキ巫女（諸国を流れ歩き、芸能を演じた女芸人）など、取り沙汰されている。「歌舞伎踊」がお国一座によって創始されたものだとなれば、お国の出自にそれほどこだわることもない。お国本人が「出雲出身の巫女（神女）」と名乗っているのだからそういうことにしておいていいだろう。

興味深いことは、お国が「巫女」と名乗ったことが、実は歌舞伎の誕生の秘密をときあかしてくれていることである。比較芸能史の視点から、日本の芸能の成立論を展開する諏訪春雄氏（『歌舞伎の源流』吉川弘文館）によれば、歌舞伎は中世の祭り――民間神楽《かぐら》――の形式を借りて生まれてきたという。歌舞伎が中世の民間神楽の祭りの構成を受け継いだということになれば、神楽とは切っても切り離せない巫女を歌舞伎の創始者としてお国が名乗るのはなるほど納得がいく。

遊女たちの群舞

「歌舞伎踊《かぶきおどり》」はお国をまねた女芸人たちがやりだし、あっという間に伝播《でんぱ》していった。東は金山でにぎわう佐渡から西は平戸まで全国レベルで波及していったのだから、当時の人々の関心の強さには想像を絶するものがある。派手で芸能好きの仙台藩主伊達《だて》政宗《まさむね》は、都からわざわざ遊女たちを呼び寄せて歌舞伎興行を行なったという話もあるくらいだ。

遊女歌舞伎

お国歌舞伎がもっていた、男性原理的な部分を肉体性の方に方向転換させたのが、遊女《ゆうじょ》たちであった。遊女屋の経営者が客寄せのために歌舞伎を利用したのである。称して遊女歌舞伎。遊女歌舞伎は、お国がみせた「茶屋遊び」のことばで運ぶ寸劇的な場面よりも、歌舞性を強調し、官能的な性の倒錯《とうさく》と好色性の部分をもっともクローズアップしてみせたところにその特徴がある。張見世《はりみせ》のかわりということもあって金のかけ方は半端ではなく、その舞台は豪華をきわめた。

演出

演出のひとつひとつは、歌舞伎本来の持つ異相ぶりをおおいに発揮した。

①遊女たちは十六歳前後。その女の子たちに、ほどこした演出というのは、色ごのみの伊達男《だておとこ》や若衆姿《わかしゆすがた》に男装させ、そろいの着物をきせる。その衣装というのが、今まで見たこともない花のような色あいで、きらびやかなもの（おそらく輸入品の絹織物）だった。ゆれる袂《たもと》からはかぐわしい伽羅《きやら》の香（エキゾチックで幽玄《ゆうげん》な名香）をまきちらし、手にもった扇《おうぎ》をひるがえせば、なんともいえぬ香がひろがる。人を恍惚《こうこつ》とさせるミステリアスなかぐわしさがあたり一面をつつむ。まさに性的欲望を掻き立てるフェロモンそのものの効果を発揮したのである。

図2は、大尽客《だいじんきやく》に扮した六人の遊女たちが宴たけなわの中、総踊をみせているという茶屋遊びの場面である。S字に身をくねらせて踊るその姿は、舞台上の茶屋の女房や伴《とも》の猿若《さるわか》、あるいは観客すらも眼中になしという感じ。自己解放さながら我をわすれて踊り興じる姿を実によく描き出している。

図2　踊り狂う遊女（「又一大歌舞伎」）

②遊女たちが歌舞伎をやりはじめて、画期的だったのはなんといっても新楽器である三味線《しゃみせん》を取り入れたということである。三味線は外国渡来のめずらしい楽器だったから、さっそく採用したのであるが、遊女に三味線というアイデア感覚はみごととしかいいようがない。

軽薄な遊女と耳になじみのない三味線というとりあわせが生んだいかがわしさは、人の心をとりわけ浮きうきさせた。豹《ひょう》や虎の皮で飾りたてた椅子（曲彔《きょくろく》）に三味線を持たせた売れっ子の遊女をすわらせ、歌（もちろん恋の歌）を歌わせたり、スター級の遊女数人が三味線を合奏したりもした。お国一座がつかいこなせなかった三味線の魅力を十分にひきだすことで、遊女歌舞伎は人気をさらった。当然、下座《げざ》の楽器として、笛や鼓《つづみ》や太鼓《たいこ》の仲間に加えられた。

③この三味線の音色にあわせて群舞《ぐんぶ》させるのである。豪華なそろいの衣装を身にまとった集団の踊は鮮烈な印象をあたえた。いっせいに袂《たもと》をひるがえし、同じ振りをしてみせる。色を売る遊女が、若衆姿になってなまめかしさを強調し、客にこびるのだからエロティックさ加減はかなりなものであったろう。

遊女歌舞伎をみた当時の人はこんな感想を漏らしている。

五十人いや六十人もの遊女たちが伽羅をたきしめた花のような色の衣装に身をつつみ、踊りながら袂をかえすとあたりはすてきな匂いに包まれ、たまらない。総踊りのショーがはじまり、舞台も終演が近づくころには、心はすっかりうかれ、男たちは命もおしくはないと思えるほど。今生《こんじょう》の夢の浮世とばかりとろけてしまう。

（『慶長見聞集』）

肉体の競演

ひたすら享楽《きょうらく》的で刹那《せつな》的で解放的で本能的な空気が満ち満ちている。こうなるともう遊女屋の思うツボ。男たちは舞台で乱舞する遊女をめあてに廓《くるわ》へいそいそと足を運んだのであろう。美しい衣装に身を包んだ遊女たちが三味線の音に乗って演じる官能的な舞台はまさに肉体の競演だったのである。京都の四条河原《しじょうがわら》で興行された遊女歌舞伎をえがいた「四条河原遊楽図屏風」（図3）は、そんな様子をリアルにつたえる貴重な絵画資料だ。

これほどまでに貴賤の心をとろかす肉体の競演は、あちらこちらで事件をまき起こした。熱狂した見物たちは興奮のあまり、喧嘩はするは刃傷沙汰《にんじょうざた》は起こすはで権力者をこまらせたのである。あるいは遊女に入れあげ財を失い、盗みをしたり、女を殺して自害するものまであらわれるといったみだれようで、世上の風紀は大いに混乱した。ついに歌舞伎に

図３　肉体の競演（遊女歌舞伎，「四条河原遊楽図屏風」）

かかわる女芸人や遊女たちを追放したり、女が舞台に立つことは一切禁止するという内容の禁令が出され取締りの対象となっていく。「風俗をみだす」「風紀をみだす」というのが禁止の理由である。

上方歌舞伎の源流

お国歌舞伎がもっていた言語性を捨て、肉体性のみを強調した遊女歌舞伎はバランスを失った。こうして、お国やその他の女芸人や遊女が演じた女たちの歌舞伎——女歌舞伎は、姿を消す。通説では、寛永六年（一六二九）に、禁止されたということになっているが、その後も女が舞台に立つことを禁じた法令がたびたび出ているところをみると、そう簡単には全面禁止とはいかなかったことがうかがえる。

それにしても、お国が歌舞伎をはじめた慶長八年（一六〇三）から二〇年以上もたっているのにこうした事態に悩まされ続けるほど、人々があいかわらず女歌舞伎に熱狂しているという事実。時間の流れ方が今とはくらべものにならなかったとしても、移り気な現代人の感覚ではなかなか理解しにくい実態である。

遊女歌舞伎ではとりわけ肉体性のみが肥大化され禁止の憂き目をみる結果となったが、たしかにいえることは、お国歌舞伎がもっていたせりふ劇の性質は、女が舞台から姿を消したのちも、上方《かみがた》の歌舞伎において、せりふを中心とした和事《わごと》という演技体系のなかに、しっかり受け継がれていくということである。お国歌舞伎に内包される男性原理を継承したのが、上方歌舞伎であった。

商品化された肉体

若衆歌舞伎

「童男《おのわらわ》カブキ跳《おどり》」――これは安土桃山《あづちももやま》から江戸前期ごろの公家である西洞院時慶《にしのとういんときよし》のしるした日記『時慶卿記《ときよしきょうき》』の慶長八年（一六〇三）九月十七日にみられる芸能記録である。

「童男」というのは少年・若衆《わかしゅ》のこと。『当代記』によれば、お国が「歌舞伎踊《かぶきおどり》」を演《や》っていたのが、同じ年の四月だから、お国とほとんど同時期に並行して、少年たちが「カブキ跳」を演っていたということになる。女歌舞伎の禁止にともない、にわかにクローズアップされたのである。

女歌舞伎の彼女たちが肉体美を売り物にしたように、若衆が演っていた若衆歌舞伎《わかしゅかぶき》も男《なん》色美《しょくび》を売り物にした点、同質の芸能であった。女歌舞伎が「茶屋遊び」を中心に踊をみせたのに対し、若衆歌舞伎は枕返《まくらがえ》しや獅子舞《ししまい》などの見世物芸的で、多分にアクロバティックな軽業《かるわざ》芸と踊を交互に組み合わせてみせていた。踊が一番の眼目だったことはいうまでもない。遊女歌舞伎、能、狂言、舞楽《ぶがく》、幸若舞《こうわかまい》、見世物芸など、先行、並行の他芸能を貪欲《どんよく》に摂取したが、せりふ劇としてではなく、歌ったり、踊ったりを見せ場にするために取り込んだのである。

男色趣味に満ちあふれた視線

観客には女性もいた。図4は、若衆が群舞する若衆歌舞伎の舞台を描いたものだが、女性の観客が描かれている。女だってきれいなものが好きだったのは当然だが、ほとんどが男色の対象としての芸能であった。この絵にも僧侶の姿が描かれている。観客の美少年に対する熱狂ぶりのすごさはこんな記述からもうかがい知ることができる。

かの若衆どもの髪うつくしくゆひ、うす化粧して小袖《こそで》の衣紋《えもん》じんじやうに着なし、ほそらかなる声にて小歌をうたひ、はしがかりに練《ね》り出《いで》たるありさま、芝居のやからは、前なる桃尻《ももじり》になり、後ろなるはのびあがり、桟敷《さじき》にある方々は耳もとまで口をあき、よだれを流し、あまりの堪えがたさに声うちあげて、あれあれ御影向の御すがた、

図4　群舞する若衆たち（若衆群舞）

天道さまじやとよばはれば……（『江戸名所記』）

「芝居のやから」というのは、観劇料金の安い席の客のこと。前の方の安い席で見ている客は、落ち着きなく尻を動かし（「桃尻になり」）、後ろの方にすわっている客は伸び上がってみている。料金の高い桟敷《さじき》席の見物（身分の高い武士などか）は、にんまりと口元をゆるめよだれを流し、思わず声をあげてしまうというのだから、異様な雰囲気に包まれていた様子が伝わってくる。場内は男色《なんしよく》趣味に満ちあふれた視線が飛び交っていたのである。

眼目は舞踊

観客たちが熱中した若衆というのは、十一、二歳から十四、五歳くらいまでの、若衆美の象徴である前髪《まえがみ》がある美少年たちのことである。求められたものは、こしらえられた美しさであり、商品化された肉体、つまり人工の肉体そのものであった。若衆たちは寸劇のなかで歌って踊るというみせかたを基本にしていた。寸劇には必ず酒盛りの場面が設定され、そこで細い声で小歌を歌い、踊りながら、好色をふりまき、美しさを披露するのである。

たとえば『鐘引《かねひき》』という演目。商人の夫の留守中に、妻は隠し男をこしらえて、挙句は我が家で酒宴をひらき、歌ったり、踊ったりのていたらく。そこへ夫が戻ってきたからさ

図５　若衆歌舞伎の舞台（鐘引き）

図6　拍子舞で観客を挑発する若衆（若衆拍子舞）

あ大変。妻はあわてて隠し男を鐘の中に隠したものの、あやしんだ夫は小歌を歌いながら鐘を引くと、男があらわれ、夫に追われて逃げていくという筋である。

図5は、その舞台を描いた絵画である。小袖から顔を出しているのが隠し男、小袖を鐘にみたてているのである。綱を引いているのが女房、そのうしろにいるのが夫ということになる。筋《すじ》の上からは破綻《はたん》しているが、妻が率先して夫といっしょに鐘を引いたりするのは、あくまでも若衆たちが小歌を歌いながら鐘を引くという、若衆の肉体をみせることを眼目にしていたからである。夫役の若衆のうしろに、いつのまにか四人の若衆が出てきていっしょになって綱を引いているのもそのためである。若衆たちは限りなく色っぽく着飾り、男とも女ともつかない中性的魅力をもった美しさを体現したのであろう。

容色を売り物にした舞踊が、若衆歌舞伎の眼目《がんもく》であったから、踊も足拍子《あしびようし》を強調したリズミカルな身のこなしのおもしろさをねらった拍子舞《ひようしまい》で、興味を引くというみせ方は観客を挑発した（図6）。香を焚《た》きしめた小袖に薄化粧をほどこした若衆が、袂《たもと》をひるがえすたびに、観客たちは心をときめかせたにちがいない。

江戸歌舞伎の源流

若衆歌舞伎は、お国歌舞伎がもっていたことばに頼らず、遊女歌舞伎同様、肉体性のみを強調した芸能であった。

女歌舞伎が禁止されたのは、売色的弊害によるものであったが、若衆歌舞伎においてもその男色による弊害は同じだった。社会秩序の混乱を恐れた幕府は、承応《じょうおう》元年（一六五二）、若衆歌舞伎を禁止した。

女歌舞伎が禁止されても、その血筋は上方歌舞伎に受け継がれたように、肉体性を強調した若衆歌舞伎の本質は、役者の肉体の動きをみせる「荒事《あらごと》」とよばれる演技体系に代表される江戸歌舞伎に受け継がれていく。

人形浄瑠璃の成立

『浄瑠璃姫物語』

女歌舞伎《おんなかぶき》、若衆歌舞伎《わかしゆかぶき》が盛行する一方で、歌舞伎とはかなり性格を異にする対立的な演劇として、人形浄瑠璃《にんぎようじようるり》が人気をあつめていた。肉体性を強調した歌舞伎の本質を女性原理とよぶなら、人形浄瑠璃は言語性優位の男性原理にもとづく演劇である。

浄瑠璃と三味線《しやみせん》と人形の三つがいっしょになってはじめられたものだが、語り手である太夫《たゆう》が三味線と人形という手段を借りて、ことばでストーリーを説明してみせるという点、太夫の語る浄瑠璃が優越していた。

そもそも浄瑠璃という名称も、浄瑠璃姫と牛若丸《うしわかまる》の一夜の契《ちぎ》りをモチーフにした恋物語

『浄瑠璃姫物語《じょうるりひめものがたり》』に由来する。神仏の霊験譚《れいげんたん》や寺社の縁起譚《えんぎたん》を語り聞かせる説経節《せっきょうぶし》の系統から生まれたもので、ラブロマンス系の内容が浄瑠璃節という新しいジャンルを生み出したということになる。『浄瑠璃姫物語』は、室町時代中期（一四七五年ころ。『実隆公記《さねたかこうき》』に記録がみえる）には、大衆的語り物として行なわれていた。ほかに『浄瑠璃物語』とか『十二段草子《じゅうにだんぞうし》』などともよばれ、恋愛譚に加えて、牛若丸の蘇生譚《そせいたん》や五輪砕《ごりんくだ》き譚などがあり、いくつものバリエーションをもつ人気の語り物であった。

ちなみに粗筋《あらすじ》は次のようなものである。

浄瑠璃姫の父は源中納言兼高という三河《みかわ》の国司。母は三河の国矢矧《やはぎ》の長者で、海道一の遊女である。子供に恵まれず、峰《みね》の薬師《やくし》に祈願して授かったのが、浄瑠璃姫である。牛若は金売り吉次《きちじ》に従って奥州へ下る途中、三河の国矢矧の長者のところに泊まる。浄瑠璃姫の姿をかいまみた牛若はぜひ一夜の契りをこめたいと思う。夜もふけて、姫は女房たちと月見の管弦を催す。外できいていた牛若は笛がかけているのに気づき、合奏する。笛の音に聞きほれた姫は感動して身分を問うと、吉次の下人の馬追いで姫の相手になるような人ではないといわれたが、姫は信用しない。姫に招かれた牛若は所望されて笛を吹く。退出したものの、姫のことが忘れられず、ふたたび姫のもとに忍び入り、切ない恋心をうちあける。牛若の恋にこたえた姫は一夜の契りをかわす。翌朝別れを惜みながら、牛若は金売り吉次とともに東国へ下る。

こうした筋のある内容に節《ふし》をつけて語るわけだが、浄瑠璃が三味線を伴奏楽器にする前は、扇《おうぎ》で拍子をとったり、平曲《へいきょく》の伴奏楽器であった琵琶《びわ》などを伴奏に語られていたらしい。

三味線

三味線は中世末期、ペルシャから中国、沖縄をへて伝来した外来楽器である。それを、胴《どう》を太くしたり、蛇の皮だったのを猫にかえたり、爪《つめ》ではなく、撥《ばち》ではじくようにしたりと、工夫を加えたものである。今まで聞いたことのない、かろやかで、艶やかで享楽的な音色《ねいろ》に人々の心はときめいたにちがいない。

この三味線を得た浄瑠璃は、人形との提携により、人形浄瑠璃の芸能を誕生させる。浄瑠璃がすでに中世から一〇〇年以上の歴史をもっていたように、人形操《あやつ》りにも、奈良時代までさかのぼることができるほどの歴史がある。大陸から渡来した傀儡戯《くぐつ》（人形芸）である。「傀儡師《かいらいし》」あるいは「夷昇き《えびすか》」といわれる、人形をあつかう芸能集団が放浪芸としてずっと携えてきたものだ。

浄瑠璃や三味線と合体したとき、視覚的にも訴える舞台芸能の構造を形づくったが、当初その人形はひとり遣《づか》いで、操る芸も素朴なものであった。技巧的にも語り物の視覚化としての役割は十分には果たされておらず、あくまでも人形は従の立場としての役割であった。

人形浄瑠璃の誕生

ところで、人形浄瑠璃誕生については、江戸時代のごく初期つまり、文禄から慶長の初め（一五九二～一六〇〇）、あるいはもっと下って慶長のおわりから元和《げんな》期（一六一四～二三）ともいわれ、はっきりしていない。三つがひとつになって誕生した人形浄瑠璃。浄瑠璃と人形操りが結びついて、そこに三味線が伴奏楽器として加わったのか、それとも浄瑠璃と三味線が結合してから、人形操りが加わったのかという疑問もあわせ考えてみると、解明の鍵をにぎるのは、語りの伴奏楽器としての三味線にある。近世を代表する芸能として誕生するためには、かろやかさと新しさを備え持った三味線の音ははずせなかっただろう。

初期の歌舞伎や人形浄瑠璃の研究者山路興造《やまじこうぞう》氏は、芸能好きの公家たちが残した日記類などの同時代資料に着目し、人形浄瑠璃の成立を検討している（「操浄瑠璃の成立」『歌舞伎・文楽』第七巻所収）。それによれば、次のとおりである。

①人形浄瑠璃上演のもっとも古い記録が『時慶卿記《ときよしきょうき》』慶長十九年（一六一四）にみえる

（「雨天、院参、飯後阿弥陀胸切ト云曲ヲ仕夷昇ノ類ノ者推参トソ、於御庭緞子幕等ヲ引廻シテ有曲、奇意ノ事也」）ので、浄瑠璃と人形との結びつきは、この院参の時期にそれほど遠くない、慶長十八年ころと推定でき、これよりさかのぼることはないであろうという。ちなみに『阿弥陀胸切《あみだのむねわり》』というのが浄瑠璃の演目。「夷昇《えびすかき》」というのが人形遣いで「夷昇ノ類ノ者推参」というのは人形遣いのようなものがやってきた。「のような者」というのは今までみてきたものとはちょっと違うという意。それで「奇意ノ事」だったといっている。

西洞院時慶《にしのとういんときよし》がつかえていた後陽成院《ごようぜい》はとりわけ人形戯に目がなかったというから、時慶も長いあいだ夷昇の芸能（人形を遣って演じる能。能の演目を人間ではなく、人形でみせるもの）には親しんできたであろう。その時慶の目に映った舞台が「奇意ノ事」だったのだから、今までとは違うもの、それが人形と浄瑠璃の結合したものだというのだ。時慶がこれをみた日、同席していた山科言緒《やましなときお》はそれを、「阿弥陀ムネハリ其外種種ノアヤツリ」と日記『言緒卿記《ときおきょうき》』にしるしている。「夷昇ノ類ノ者」と時慶が記したものを、言緒は「アヤツリ」とこともなげに書いているのは、すでに言緒が四条河原あたりの興行で「アヤツリ」を見物して見知っていたのであろうと山路氏は推測している。

山路氏によれば、「夷昇」と「夷昇ノ類ノ者」（＝「アヤツリ」）との芸態の違いは、夷昇の徒が能以外の語り物を演じた、つまり、浄瑠璃という語り物を人形で演じて見せた（「於御庭緞子幕等《どんすのまくなど》ヲ引廻シテ」「阿弥陀胸切ト云曲」）ところにあるのだという。

②このとき、浄瑠璃が三味線を伴奏楽器にしていたとはかぎらない。というのは語り手にかんする記載が寛永期以前には稀《まれ》で、寛永期以前の絵画資料にも語り手や三味線弾きの姿はえがかれていない（元和初年ころの景観を描くとされる舟木本「洛中洛外図屏風」『人形浄瑠璃舞台史』所収）。寛永期以降になると、浄瑠璃語りにスポットライトがあたり、スターが登場すること、語る太夫と三味線弾きの出語《でがた》りの様子などが絵になって描かれていること（『人形浄瑠璃舞台史』所収「堂本家本四条河原遊楽図」）から人形浄瑠璃の成立は慶長末年以降寛永期にはいってからではないかと推論している。三味線の音色は浄瑠璃をノリのいい語り物として、聞く人をワクワクさせるような力があったということだろう。

人形が浄瑠璃と結合しただけではだめで、そこに三味線がくわわってこそ、人形浄瑠璃が、近世芸能の中心的存在になっていく魅力がそなわるのである。リズミカルな節があっという間に聞くものを体ごとのせて、引き込んでしまう魅力。歌舞伎舞台で三味線が使用されるのが慶長末期だから、三味線を用いることが、人形浄瑠璃成立の大きな要因と考えれば、人形浄瑠璃の成立は歌舞伎に比べてかなり後ということになるかもしれない。

三味線と結合することにより画期的な演劇として注目をあつめたが、浄瑠璃という名称が『浄瑠璃姫物語』に由来し、語り物の代名詞となったように、人形浄瑠璃はあくまで、語り手である太夫《たゆう》が、ことばと旋律によって物語を語ることを重視した演劇であった。

ことばの演劇

上方では、天下一若狭守《わかさのかみ》藤原吉次《きちじ》、伊勢島宮内《いせじまくない》、女太夫の六字南無右衛門《ろくじなむえもん》、江戸では杉山丹後掾《たんごのじょう》、薩摩浄雲《じょううん》らがスター太夫だった。彼らのあとには、上方では虎屋喜太夫、虎屋小源太夫、江戸では虎屋源太夫、薩摩外記、虎屋永閑らのスターが続いた。太夫によって語りだされた語り物は江戸時代以前の文芸、たとえば幸若舞《こうわかまい》曲、お伽草子《とぎぞうし》、謡曲《ようきょく》、軍記物語などを題材に創作したものであった。本文をそのまま利用したもの、一部分を改作したもの、筋はこびだけ借用したものなど、さまざまだが、合戦場面のある武勇物を縦筋に、お家騒動、人買い、妻子誘拐、霊験といった趣向を横筋に仕組むという共通点があった。

作者は未詳で、独立した職能としての戯曲作者が存在しなかったから、脚本は作者による精神性の統一がなされていたわけではない。人形浄瑠璃に厳密な精神性を求めるならば、近松門左衛門《ちかまつもんざえもん》という作者の登場を待たねばならないが、近松以前、作者未詳の古浄瑠璃時代の作品にも、精神性をうかがわせる作品が存在していることも事実である。霊験や奇跡といった神を介入させる解決方法ではなく、人間の犠牲や愛情が問題を回避するといったものだ。

こうした思想は近松以降、人形浄瑠璃の作品の悲劇性に直接つながっていくものであったということを考えると、それらの作品の功績を軽視することはできない。すでに人形浄瑠璃草創期にのちの精神性は内包されていたということだ。

浄瑠璃でストーリーを説明する人形浄瑠璃は、男性原理優位の演劇として、演劇史を刻んでいくのである。

女形の誕生

野郎歌舞伎

男色《なんしょく》による風紀の乱れを懸念した幕府は、承応元年（一六五二）、まず、江戸の若衆歌舞伎《わかしゅかぶき》を全面的に禁止し、その方針は上方にも波及していった。あわてた関係者は、幕府に歌舞伎再興を嘆願する。幕府側から提示された、①若衆美の象徴である前髪を切りおとし、野郎頭《やろうあたま》になった男たち（成人男子）が、②色気を強調した扇情的な踊ではなく、演技をみせろという、二つの条件を受け入れ、若衆歌舞伎禁止の一年後、許可されてはじまったのが、野郎歌舞伎《やろうかぶき》である。

江戸の地では、闘争場面を見せ場に仕組んだ、荒事劇《あらごと》を生み出したが、上方では男女の恋愛を中心にみせた和事劇《わごと》が主流となった。女が舞台に立つことを禁止されている以上、男の恋の相手である女の役は男が演じなければならない。女形《おんながた》を誕生させたのが、上方歌舞伎であったのは、こうした状況によるものだった。

もちろん、男が女の役を演じるということは、以前にもあった。たとえば女歌舞伎の「茶屋遊び」。男が茶屋の女房に扮《ふん》したが、それはひげやもみあげそのままで、つまり男の身体を隠さずに女のまねをしてみせるもので、滑稽さをウリにした笑いをとることにねらいがあった。そもそも、女歌舞伎は男女共演だから一座には本物の女がいたわけで、男の女装は添えもの程度でことたりていた。

女歌舞伎が禁止され、女は舞台に立てなくなり、若衆の男たちによる性的な方向の歌舞伎が禁止されたとき、男が女を演じてみせる性の倒錯《とうさく》というエロチックな魅力を表現することで、女歌舞伎や若衆歌舞伎に求めた観客の好色性を満たさねばならなかった。

「島原狂言」

野郎歌舞伎として再興する際に、あれほど色気ではなく、芸をみせますと誓ったのに、その当初、どんな劇を演《や》っていたかといえば、遊廓《ゆうかく》を舞台に、そこに遊ぶ客と遊女の様子を舞台化するという内容であった。京都の遊廓島原《しまばら》の称をとって「島原狂言」といわれたほどだから、実態はお国の「茶屋遊び」が名前をかえただけのものであったことがわかる。

その舞台を再現すると――登場人物は、遊女を買う買い手の立役《たちやく》、揚屋《あげや》の亭主の道化方《どうけがた》、傾城《けいせい》の女形の三人。まず「ただいま傾城買いのはじまり」と口上をふれると、橋掛《はしが》かりからゆらりゆらりゆらりと、遊女を買う買い手役が、鹿の角に蜂模様の白加賀銀箔《しろかがぎんぱく》の衣裳に一尺七寸の脇差《わきざし》を落としざしというういでたちで登場する。舞台正面に立って「買い手でやす」と名乗り、扇で脇差の柄をたたくと、揚屋の亭主の登場。古っぽい浅黄袴《あさぎばかま》で腰に手ぬぐいをさし、手には貝杓子《かいじゃくし》を持って出る。

「エエ、旦那、お出《い》でか」

「なんと太夫は見えぬか」

「イヤもうあれへ。もう追《お》っ付《つ》け是《ここ》へお出」

と橋掛かりの方をながめると、揚幕《あげまく》から女形の傾城の登場となる。金糸《きんし》で刺繡した趣《おもむき》のある豪華な衣装に身をまとい、かつらは兵庫髷《ひょうごまげ》で、「大尽さまお出《い》でかへ」といって、よろこぶ買い手の手をとり、にっこりほほえむ。遊里の座敷で遊ぶしきたりをみせたあと、いよいよ酒盛りとなる。揚屋の亭主が「酒の肴《さかな》に太夫様一曲所望《しょもう》所望」というと、太夫が舞を踊ってみせる（『役者論語』所収「芸鑑」）。

ざっとこんな運びである。

買い手役の役者は、出をみせるために、左手を張り肘《ひじ》、右手には扇の要《かなめ》をつまんでぶらさげ、ゆらりゆらりと登場することによって、たっぷり伊達《だて》な遊冶郎《ゆうやろう》ぶりを強調した。揚屋の亭主役も、観客が「あの顔を見よ、おかしや」と大笑いするようなパフォーマンスをみせたし、遊女役の女形も、買い手との色模様をみせ、単純なストーリーのなかで、その役を演じてみせた。

しかし、買い手は加賀産の上等な絹布《けんぷ》で、当時流行の白色の粋な装いをし、遊女役は金糸の刺繡をほどこした豪華な衣裳で飾り立てたりと、当世風俗を舞台化した。遊女がみせる色模様も官能的な濡れ場を中心に展開したであろうし、やはり、酒宴の席で遊女役の女形の踊をみせるというのがこの芝居の一番のねらいであった。

京都の遊廓島原の称をとって「島原狂言」ともいわれたように、実態は、風流な伊達男が遊里に通って酒宴をして遊ぶ風俗をスケッチした女歌舞伎でみられた「茶屋遊び」が名前をかえただけのものであったのだ。

再三の禁令

当然のことながら、幕府からお咎《とが》めをうけた。第一回目の禁止令は、野郎歌舞伎としてスタートしてから三年後の明暦元年《めいれき》（一六五五）、二回目が明暦四年（一六五八）、三回目が寛文四年（一六六四）と、再三の禁止令が出ている。この手の好色的な内容の演目が、それだけ人気を博していたからであるが、およそ一〇年ものあいだ、当局の取締りを、あの手この手でくぐりぬけてきた芝居関係者の根性に驚かされる。

真実の女、女の美しさの表現をめざした女形は、独特の化粧法を考案し、前髪をそり落として色気のなくなった青頭にかつらの工夫を凝らした。はじめは置き手ぬぐいや紫《むらさき》帽《ぼう》子《し》を工夫し、ついには本物の鬘《かずら》をつくりだした。寛文四年（一六六四）には、女形のかつら使用禁止の法度《はっと》が出されたほどだから、男の役者が女を演じるために、いかに力を注いでいたかが、手にとるようにうかがえる。

幕府の弾圧政策による女歌舞伎の禁止で、女が舞台に立てなくなり、しかたなく男が女の役を演じなければならなくなったとき、歌舞伎は生き残るために、女形を生みだした。

これを、キーワードの男性原理・女性原理で説明すれば、女形の誕生は男が女を演じることによって、女性原理の歌舞伎を復活させようとする戦いのはじまりであった。つまり、低い次元での男性原理的な男が、女性原理的な女を演じることによって女性原理の歌舞伎にあゆみよろうとしたのである。

物語と身体の出会い

合理と非合理／言語と非言語

続狂言の創始

役者の肉体的魅力を強調して、傾城買《けいせいがい》をみせる島原狂言《しまばらきようげん》を演《や》っていた野《や》郎歌舞伎《ろうかぶき》が、明暦《めいれき》から寛文にかけて、幕府から再三の咎《とが》めをうけながら、

多幕物

演劇として生き残るために創始したのが、続狂言《つづききようげん》という多幕物《たまくもの》の芝居である。演劇史では寛文四年（一六六四）、江戸と上方で同時に創始されたということになっているが、年次については疑問が提出されている。再三の禁止令に歌舞伎関係者が慌てていた時期というのが、寛文以前の明暦ごろとなれば、実際の続狂言の創始時期はもう少し早かったはずだというのである。

多幕物が考案されるまでは、筋《すじ》の上からはなんのつながりもない、みじかい離狂言《はなれきようげん》と

よばれる演目をいくつかみせていた。一幕終わると観客を入れ替えるというやりかただったというから、続狂言が考案されたということはイコール興行形態が大きく変わったということになる。演劇史的には大きな変化であるが、やはり注目すべきは芝居の内容である。

続狂言の発生は、歌舞伎関係者が人形浄瑠璃に目をつけたところからおこる。人形浄瑠璃の筋と形式をそっくりいただくというやり方で内容を充実させたのである。といってもそのまま模倣して取り入れたわけではない。

浄瑠璃の物語性を拝借

今川年秀は悪をたくらむ臣下にたぶらかされる主君を諫言《かんげん》するが、かえって退けられる。それどころか悪臣たちの討手《うって》に追われ負傷、妻に助けられながら落ちのびたものの、再び敵の手に捕らえられ牢屋につながれる。妻は夫年秀に会うため、魚売りに身をやつし、夫に再会、ふたりは牢屋ごしに手をとりかわし身の不運をなげく。やがて牢を脱け出した年秀は悪臣たちを成敗し功名をあげる。

これは寛文四年（一六六四）、江戸市村座で上演された続狂言『今川忍び車《いまがわしのびぐるま》』の内容である。妻が夫に会いに行くための道行や身の不運をなげきあう愁嘆場《しゅうたんば》、あるいは年秀が人目を忍んで車で脱出する場面を見せ場としたもので、原拠となった古浄瑠璃の『今川物語』を実にうまく歌舞伎化している（諏訪春雄『元禄歌舞伎の研究』所収「第一部第一章第

二節 続狂言創始期の歌舞伎と操浄瑠璃」)。

古浄瑠璃『今川物語』は次のような内容である。

天下を治めている源頼兼をおとしいれ天下を奪い取ろうとたくらむ執権《しっけん》駿河の前司久国は酒宴をもよおし、主君頼兼を色におぼれさせようとする。悪をあばこうとした忠義な家臣今川年秀は主君頼兼に諫言するがかえって怒りをかってしまう。年秀に久国と侍大将渡辺民部のふたりの追手がかかり激戦となる。深手をおった年秀を追ってあらわれた渡辺民部は年秀と同心であることをつげ、身代わりの首で久国をあざむく。主君頼兼は久国の軍勢におそわれ自害する。今川年秀はとらえられた頼兼の御台所《みだいどころ》と若君を救い、東国から攻め上った久国の軍勢を知略で滅ぼす。

歌舞伎化の方法

「こうあるべき」世界秩序を志向した浄瑠璃は、筋が入り組み、登場人物は多彩で、場面転換もめまぐるしい。年秀が二度の功名をあげるという同じ筋書でありながら、歌舞伎は筋を簡略化し、見せ場をもうけた。年秀とそれを取り巻く人物を描き複雑な展開をみせる浄瑠璃を、歌舞伎は、①今川年秀中心にスポットライトがあたるようなすっきりした筋運びにし、②浄瑠璃には登場しなかった年秀の妻を造形し女主人公を設定することで、女形の活躍の場をつくった。そして、

「年秀の諫言と追放」「年秀の捕縛《ほばく》と入牢《じゆろう》」「妻の魚売りの道行《みちゆき》」「夫婦の対面」「脱獄」「討伐」を中心に筋を仕組んだのである。

とりわけ注目すべきは③仕方《しかた》浄瑠璃という方法で見せ場を舞踊的に演出したことである。仕方浄瑠璃というのは浄瑠璃の語りにあわせて手振り身振りでみせる演技様式で、踊手の姿態を楽しむというところにそのねらいがある。歌舞伎『今川忍び車』は年秀夫婦がおちのびていく戦闘場面と魚売りに身をやつした妻が、夫年秀に会うための道行場面と牢屋にいれられた夫に対面する愁嘆場面とを仕方浄瑠璃によって効果的に見せたのである。

このように歌舞伎は浄瑠璃の物語性を拝借し、続狂言創始に成功した。人形浄瑠璃が叙事的な語り物性に劇性をもとめたのに対し、歌舞伎は浄瑠璃のストーリー性を維持しながら、あくまでも身体でみせるという独自の見せ方に演劇性を追求したのである。

金平浄瑠璃と荒事

金平浄瑠璃の大流行

寛文年間(一六六一～七三)、金平浄瑠璃《きんぴらじようるり》が大流行した。源頼光《らいこう》の源家譜代《げんけふだい》の臣である親四天王(渡辺綱《わたなべのつな》・坂田金時《さかたのきんとき》・卜部末武《うらべのすえたけ》・碓井貞光《うすいさだみつ》)の子供たち――武綱《たけつな》・金平《きんぴら》・末春《すえはる》・貞景《さだかげ》――の超人的活躍を描いた武勇譚《ぶゆうたん》で、頼光の子頼義《よりよし》の四天王として活躍する。源頼光が大江山の酒呑童子《しゆてんどうじ》を四天王とともに退治するという「酒呑童子」の世界をヒントに脚色、明暦・万治(一六五五～六〇)ごろ流行した若き武将の野望にみちた武勇を描いた軍記物の浄瑠璃からドラマ性を獲得して成立したものので、金平浄瑠璃の「金平」という名称は、そのうちの主人公のひとり坂田金平《さかたのきんぴら》に由来する。金平は超人的パワーの持ち主で、わがまま、そこつ、なにかあればすねるという性格。

我執一辺倒《がしゅういっぺんとう》で稚気《ちき》あふれる人物がヒーローとなり当時の人々に好まれたため、金平浄瑠璃の名で呼ばれるようになったのであろう。

テーマは個人から国家へ

典型的な金平浄瑠璃の世界は、「源氏全盛の時代、頼光やその子頼義を四天王や子四天王らが補佐しているが、源氏の繁栄をねたみ、恨みをいだくものが謀反をおこす。都の秩序は危機におちいるが、武綱の智と金平らの勇力によって謀反人は討ち取られ秩序は回復、源氏はますます繁栄する」というものである。

金平浄瑠璃が一世を風靡《ふうび》したのは、構想力と作劇法が画期的だったことによる。金平浄瑠璃以前、善悪の抗争は、個人とか個人の家の運命が中心に描かれていた。天子さまから権限を与えられ、国の秩序を守る源氏とその四天王たちと、それを転覆しようとする一団との対立という公的闘争を主題とし、天下国家のレベルで展開させたのである。

さらに、今までの浄瑠璃には登場しなかった個性的な人物を造形してみせた。四天王の間で内部対立がおこり、それはたとえば戦いの際の大将に任じられない金平がすねて不満を口にしたのをきっかけに大将になった末春と口論になる。わがまま放題の金平は主人頼義にさとされる（「金平末春いくさろん」）といった具合である。とくに金平の性格にリアリティを持たせ、特徴づけた。造形した架空の子四天王たちの活躍を通して、テーマを語りだすところに金平浄瑠璃の新しさがあったのである。

井上播磨少掾《はりまのしょうじょう》、伊藤出羽掾《じょう》、天下一上総少掾《かずさのしょうじょう》ら上方の太夫も語っていたが、金平浄瑠璃流行の火付け役となったのは、岡清兵衛の浄瑠璃の詞章《ししょう》（文章）とそれを語った和泉太夫（＝桜井丹波少掾）のコンビである。それまでは杉山丹後掾や和泉太夫の師匠である薩摩浄雲《じょううん》らが江戸浄瑠璃の祖として君臨していたが、金平浄瑠璃誕生は、第二世代である弟子たちの時代のはじまりでもあった。

荒っぽい演出

ここに桜井丹波和泉太夫正信という浄瑠璃太夫あり。この者剛勇にして大力の聞こえあり。其頃名ある太夫受領つかまつり、有難くも綸旨《りんじ》頂戴つかまつり、御大名方へ御前浄瑠璃に罷《まか》り出《い》であい勤《つと》めける。さればこの丹波太夫、わが勇力にまかせ、強き浄瑠璃を好きて語る。鉄の二尺ばかりなる棒にて拍子をとりける。さて俳諧宗匠の貞佐が句、世々かいこの集に、親丹波毎日岩をうちくだくという付け合あり。二代目の和泉太夫も人形の損ずるもいとわず、打ちわり打ちつぶすを、さらにかまわずよろこび語る。元祖団十郎、荒事の開山なりしが、この太夫のふし付けを深く好みて、形も多く用いけるとぞ。

これは、『関東血気物語《かんとうけっきものがたり》』の「丹波和泉太夫が事」に記された、和泉太夫親子のことである。和泉太夫が非常に個性的な人物で、その持ち味が語り口に生かされ、金平浄瑠璃が流行したのであろうことをうかがい知ることができる。

二尺もある鉄の棒で拍子をとりながら荒々しく語る和泉太夫の浄瑠璃に合わせて、人形も壊れんばかりの荒っぽい演出をみせた舞台は、視覚的にかなり目をみはるものがあったろう。

荒事のヒント

この金平浄瑠璃の人気に目をつけて取り込んだのが、江戸の歌舞伎である。なぜ金平浄瑠璃かといえば、多幕物の続《つづき》狂言として歌舞伎化するのに好都合だったわけだが、四天王の若者たち（竹綱・金平・末春・貞景）を主人公にすることで、若衆方の肉体的魅力を舞台化するのに格好の材料となったからである。知者の竹綱には若衆美をみせる性的な肉体美を、勇力の金平らには潑剌とした勇姿を眼目にした肉体美をみせるという方法で、金平浄瑠璃を歌舞伎に取り込んだのである。ストーリーの一貫性をうまく取り入れながら、身体の非合理性を重視した江戸歌舞伎の特質がここにもはっきりとあらわれている。

とりわけ興味深いのは、江戸歌舞伎を代表する演技スタイル「荒事《あらごと》」の表現方法は、金平浄瑠璃の語りと荒武者を豪快に働かせる人形演出とをヒントに生まれたということである。

荒事の開山

『関東血気物語』の「丹波和泉太夫が事」には、和泉太夫の活躍ぶりに続けて、「元祖市川団十郎、荒事の開山なりしが、この太夫のふし付けを深く好みて、形も多く用いける」という記述がみえる。元祖団十郎というのは、元禄歌舞伎時代の江戸のスター、初代市川団十郎のこと。万治三年（一六六〇）生まれだから、少年時代和泉太夫が語る金平浄瑠璃を実際に見て楽しんでいたのであろう。その団十郎が貞享二年（一六八五）、二十六歳のとき、『金平六条通』で、超人的なパワーを発揮する金平を主人公に荒事を演じてみせ大当たりをとったのである。剛勇な金平に目をつけた団十郎は、とりわけ躍動する力（力強さ）としての肉体美の身体を強調した。団十郎扮《ふん》する金平はスーパーマン的活躍をし、荒々しく、とてつもない強さの持ち主で人間わざとは思えない怪力として造形されている。まさに、和泉太夫の豪快なふし付から、長短とか強弱のリズムを肉体の呼吸として取り入れ、身体表現に生かし、人をひきつけてそらさないテクニックを身につけたであろうし、和泉太夫の語りに合わせて動く金平人形の演出にも影響され、荒事の表現方法を生み出したのであろう。荒事は、まさに身体を誇示する歌舞伎が肉体を言語手段として創造した演技体系であった。

ドラマとしての浄瑠璃のはじまり

竹本義太夫

人形浄瑠璃《にんぎょうじょうるり》といったら義太夫節《ぎだゆうぶし》である。義太夫節というのは創始者の竹《たけ》本義太夫《もとぎだゆう》による。義太夫は慶安四年（一六五一）大坂天王寺村の農家に生まれた。師匠宇治加賀掾《うじかがのじょう》のところで修業、ワキ語りとして豪放な語り口が注目されたが、師匠加賀掾のもとを去って独立するあたりから義太夫のサクセスストーリーがはじまる。

そもそも師匠のもとをとびだすことになったのは、加賀掾の宇治座の興行師竹屋庄兵衛が加賀掾と離反し、その竹屋に従ったという事情によるが、当然義太夫の自信と独立の野心とに裏打ちされた判断があったにちがいない。なにしろ義太夫はものすごく鼻っ柱の強い男だ（図７）。師匠のもとを去ってから七年後の貞享元年（一六八四）、興行師竹屋庄兵衛に支えられて大坂道頓堀に竹本座を旗揚したとき、そのお披露目《ひろめ》の出し物に加賀掾が当たりをとった『世継曾我《よつぎそが》』（これは近松門左衛門が加賀掾のために書き下ろした作品）を上演。大坂でたいそうな当たりをとり、出世のはじまりとなったのである。

作品襲用を不快に思ったのであろう。翌貞享二年には加賀掾が大坂へやってきて義太夫と対決する競演事件に発展する。加賀掾は当時、風俗小説『好色一代男《こうしょくいちだいおとこ》』でベストセラー作家だった井原西鶴《いはらさいかく》に作品を依頼（西鶴は加賀掾のひいきで、「浄瑠璃といったら元来いやしいものなのだが、加賀掾の語りは上品で人のこころをなぐさめる」と絶賛するほどだった）、『暦《こよみ》』を演じると、義太夫は『賢女《けんじょ》の手習《てならい》并《ならびに》新暦《しんこよみ》』を語り対抗。この正月興行の軍配は義太夫にあがった。加賀掾はひるむことなく、次の二の替わり興行で西鶴作『凱陣屋島《がいじんやしま》』を出すと、義太夫は近松門左衛門《ちかまつもんざえもん》に依頼して書き下ろしてもらった『出世景清《しゅっせかげきよ》』で応戦した。これはどちらも好評であったが、加賀掾は出火で劇場を焼失するという不運にみまわれ、京都へ帰るという意外な形でしめくくら

図７　竹本義太夫

（「竹本筑後掾肖像」，諏訪春雄氏蔵）

れた。

作者の神様

これをきっかけに義太夫は浄瑠璃界をリードすることになる。もちろん義太夫の太夫《たゆう》としての力量が音曲的にすぐれていたことは当然であろうが、その魅力的な語り口だけでは浄瑠璃界で不動の地位を占めることはできない。

そこで、のちに作者の神様とたたえられた近松門左衛門の登場である。競演事件をきっかけに、近松門左衛門とコンビをくんで作者を得たということは、義太夫にとって大きな力となった。

とりわけ、近松が義太夫のために書き下ろした『出世景清』は、義太夫が今までにない、現代的な新しい浄瑠璃を語る太夫としてデビューする記念すべき作品となった。この作品は、演劇史にてらせば、それまでの浄瑠璃を古浄瑠璃、この作品以降を新浄瑠璃と区別されるような画期的な浄瑠璃の歴史のはじまりとなった作品として注目すべきものであった。

近松の作品世界は、論理的な言語によって統一されたが、ことばの論理一辺倒ではなく、ことばの論理と実人生の混沌《こんとん》をみごとに調和させたところに作品の存在価値があった。

『出世景清』

たったひとり生き残った平家の残党悪七兵衛景清《あくしちびょうえかげきよ》が、源頼朝に復讐するという縦筋《たてすじ》に、景清をめぐる二人の女を横筋《よこすじ》にして構成され、中世以来、幸若舞《こうわかまい》や謡曲や古浄瑠璃で題材にされてきた「景清」の筋を、近松はこんな風にとらえなおした。

今までは裏切り者として描かれていた五条坂の阿古屋《あこや》という遊女にスポットライトを当てた。源氏の追っ手から逃れた景清は三年越しのなじみの遊女阿古屋の許《もと》を訪れる。阿古屋の兄は恩賞ほしさから阿古屋に景清の訴人《そにん》をすすめる。そんな折、景清の許婚《いいなずけ》小野姫から、景清宛ての手紙が届く。手紙の主は高貴な姫。手紙のなかで自分が遊女であることをあざけられていると知った阿古屋は嫉妬《しっと》のあまり、つい兄のすすめに従ってしまう。景清との間にはふたりの子までなした仲でありながら、遊女のひけめから逃れることができなかった。獄屋につながれた景清のもとへ詫《わ》びにきた阿古屋は、裏切りを許そうとしない景清の前で自害する。

景清を愛するあまりの女の激しい嫉妬と怒りからつい裏切ってしまうという人間の生理と心理をそなえた女として造形し、嫉妬・裏切り・後悔・死という阿古屋の激情的な心の動きを描き出した。近松は女の嫉妬をテーマに血の通った女主人公を造形してみせたのである。

言語の世界のなかに、混沌とした情感の世界を持ち込んだところに近松のすごさがあった。そのすごさを発揮するのが、元禄十六年（一七〇三）に初演した『曾根崎心中《そねざきしんじゅう》』をはじめとする世話浄瑠璃《せわじょうるり》といわれる作品群であるが、それについてはあとで述べる。ここでは、『曾根崎心中』が義太夫節を当流《とうりゅう》浄瑠璃として決定的にした作品であったことにふれておこう。

当流浄瑠璃

大坂の曾根崎天神の森で醬油屋の手代と蜆川新地《しじみがわしんち》の遊女屋天満屋《てんまや》抱えの遊女お初《はつ》とが心中したという実在の事件に取材したものである。相思相愛の男女が自らの意志で死を選ぶ悲劇を、究極の純愛ものとして描き出したこの作品は、①当時の庶民を主人公とし、②リアリズムの方法で彼らの人間性を描き出したことで、人形浄瑠璃が完全な現代劇として受け入れられるきっかけとなった。

竹本義太夫は、この人物の苦悩や葛藤のドラマを語ることに重きをおいた。たとえば、登場人物のせりふを語るとき、老若男女のいずれをもそれらしくきこえるように語りわけるということを心がけたし、相手に向かっていうときも、場合、場合があるといったことを意識していた。つまり浄瑠璃本文を語り生かす語り方をした。

竹屋庄兵衛は義太夫の竹本座創設に奔走《ほんそう》し、経営にあたったわけだが、その後の消息は

図8　新生竹本座の舞台風景（舞台図，『今昔操年代記』所載）

不明。当初は当たりをとっていたが、じきに赤字続きとなる。そんな竹本座をバックアップしたのが、竹田からくり芝居の一族竹田出雲《たけだいずも》である。元禄十六年（一七〇三）に『曾根崎心中』大ヒットで一〇年以上も赤字続きだった竹本座の経営がようやく軌道にのると、経営のすべてを義太夫にかわって出雲がひきうけることになり、資金面はもとより、演出などにおよぶあらゆる面をプロデュースし、新体制で竹本座はスタートした。新座本《ざもと》出雲は、制作者・演出者として、座付作者の近松に作品を書かせ、辰松《たつまつ》八郎兵衛の遣《つか》う人形の衣裳を作り変え、人形を出《で》遣《づか》いで操《あやつ》らせ、あるいは道具立てにいたるまで豪華に舞台を一新、いままで御簾内《みすうち》で語っていた太夫の、顔をみせる出語《でがた》りの演出で語りをアピールした。宝永二年（一七〇五）初演の『用明天皇職人鑑《ようめいてんのうしょくにんかがみ》』は新体制の記念すべき作品で、口上を言う出雲、出遣いで人形を操る辰松八郎兵衛、出語りで語る義太夫（筑後掾《ちくごのじょう》）と三味線弾きの竹沢権右衛門を描いた舞台図は、新生竹本座の意気込みを伝えていて興味深い（図8）。こうして出雲の手腕は義太夫節を当代浄瑠璃として、主流に押しあげていく力となって発揮されたのである。

役者の芸尽くしと和事

和事

女《おんな》歌舞伎《かぶき》の系統下に生まれた上方《かみがた》歌舞伎は、元禄《げんろく》歌舞伎時代、せりふを中心とした「和事《わごと》」という演技体系を生み出す。

続狂言《つづききょうげん》の創始により、ストーリー性を獲得し、ようやく演劇として歩みはじめた上方歌舞伎が目をつけたのは、お家騒動物《いえそうどうもの》だった。歌舞伎の脚本は、以後、幕末にいたるまで大概がお家騒動物である。お家騒動物とは、わるがしこい家来たちが、お家ののっとりをたくらむが、忠義な家臣たちによって、阻止されるといった題材のものである。

一見、かたそうな内容のようだが、上方では歌舞伎が誕生したときから保持してきた「茶屋遊び」の場面を「傾城事《けいせいごと》」として再生、ちゃっかり廓場《くるわば》を設けてそこを見せ場として展開させた。芝居の大詰めには開帳場《かいちょうば》といって、当時の寺社のご開帳とタイアップして劇中に取り込み、世相描写を舞台化し、芝居も寺社も儲《もう》かるといった結末をつけたりもした。

上方歌舞伎が続狂言を成立させていくうえで、「茶屋遊び」の特色である傾城買いの場面を中心に据えて、せりふ中心の舞台運びをみせることができたのは、上方にはすでに、舞台と観客のあいだに共通語が存在していたからである。共通のはなしことば（江戸ことば）をもっていなかった江戸（江戸語が確立するのは一七六〇〜七〇年代）で、視覚にうったえる荒事《あらごと》が生まれたのとは対照的であった。

役者本位

お家騒動物の基本構成は次のようなものであった。

第一　継母（花車方《かしゃかた》）一味の悪党（敵役《かたきやく》）がお家横領のため、お家の若殿（立役《たちやく》）は落とし入れられ、家を追い出される。

第二　おちぶれた若殿（立役）はなじみの傾城《けいせい》（若女形《わかおんながた》）に逢いにゆく。

第三　忠臣の活躍により、悪人は滅び、お家は安泰。

という運びである。

狂言作者はこの大筋にのっとって脚本をつくるが、その際、必ず、出演役者の得意芸を念頭に筋立てを考えた。得意芸というのは、「〇〇事」といわれる演技パターンのことで、「濡事《ぬれごと》」「口説事《くどきごと》」「傾城事《けいせいごと》」「やつし事」「武道事」「実事」「所作事《しょさごと》」「異見事」などをはじめとして、ていねいに数えれば七〇から八〇種類はあるという。とにかく役者本位なのである。つまり、作者の独自の価値観によって脚本をつくることはできず、あくまでも役者を、役者の演技をきわだたせるためのものでなくてはならなかった。

『仏母摩耶山開帳』

具体的に『仏母摩耶山開帳《ぶつもまやさんかいちょう》』で当時の舞台をのぞいてみよう。この作品は元禄六年（一六九三）三月、京都の都万太夫座《みやこまんだゆうざ》で上演された近松門左衛門作の芝居である。近松は浄瑠璃だけでなく、歌舞伎の脚本も手がけていた。親友坂田藤十郎《さかたとうじゅうろう》のために作品を提供したのである。

座組みは山下半左衛門を座元に、立役の花形坂田藤十郎、女形のトップ芳沢《よしざわ》あやめや桐《きり》浪千寿《なみせんじゅ》、道化役のスター金子吉左衛門ら一流の顔ぶれ。三月十四日から四月十四日まで摂《せっ》州《しゅう》摩耶山《まやさん》十一面観世音のご開帳を当てこんで、六田《むつだ》家のお家騒動を仕組んだものだ。

〔第一〕　六田家の総領掃部《かもん》（坂田藤十郎）は、西国で横死した父の十三回忌をいとなむために、その地へ下ったが、掃部は室の傾城異国《いこく》に入れ揚げ、子までなすほどの仲となり、国へ帰らない。継母真月とその弟葛城文太夫は掃部の御台《みだい》を落とし入れ、お家のっとりをたくらむが、掃部の弟は母真月や叔父文太夫の悪事をあばく。そんな折、屋敷に出入りする井戸掘りの孫作（山下半左衛門）がかつて傾城高橋（桐浪千寿）に入れ揚げたことが原因で、勘当されたこの家の次男大五郎であることが知れる。継母らが、掃部と傾城異国との間にできた子を井戸へ投げ込み殺そうとするので、御台らは大五郎とともに、とりいそぎこの場を立ち退く。ここでは山下半左衛門の、勘当され、井戸掘りに身をやつす「やつし事」という得意芸や、桐浪千寿扮する傾城高橋との痴話げんかをみせる「口説事」が中心のみどころとなる。

〔第二〕　室の廓、掃部の恋人傾城異国に年季証文のことで訴訟がおきている。異国の兄五郎介（金子吉左衛門）を証人に立てるが阿呆がわざわいして、結局訴訟は負け、改めて五年の年季がかせられる。掃部（坂田藤十郎）はなんとか異国を請け出そうと金の算段をするが叶《かな》わず、涙ながらに別れる。掃部は我が子が母に会いたいとせがむので異国のもとを訪ねたことを長々と語る。頼まれて、新造の揚巻を指名したのが誤解をまねき、そこに網干《あぼし》の大尽《だいじん》に請け出されることが決まったという異国が現れ大騒動になる。掃部と異国の仲を取り持ったことから、遣手に降格となった小藤（芳沢あやめ）や異国はさんざん掃部をののしり、掃部は異国の不実をなげき、子供は異国にすがりつく。ところが、結局、網干の大尽というのは、六田家から頼まれて、掃部のために請け出しにきた者であることが知れる。金銀を積ませて、異国だけではなく、遣手の小藤や新造の揚巻までも請け出し、皆打ち連れて国へ帰る。ここは一番のみせ場で、掃部役の坂田藤十郎が得意とする、おちぶれた姿で異国を訪ねる「やつし事」や、新造の揚巻といちゃつく「濡れ事」、異国と痴話《ちわ》げんかする「口説事」などが中心に仕組まれた。

〔第三〕　お家の横領をたくらんだ継母と弟は、摩耶山の仏前の高座にいる掃部の子を殺そうとすると、ご本尊の十一面観音の奇瑞《きずい》により掃部の子は助かり、継母と弟は空から下った大蛇によって成敗される。一同羽衣を着て、天女の姿で法楽の舞を舞い、摩耶山のご利益を伏し拝む。めでたしめでたしという結末である。ここは神仏の霊験や空から下った大蛇の出現をからくり、仕掛けなどで演出し、視覚を楽しませ、最後は踊りでみせるという構成である。

せりふのやりとりで筋を運んでいきながらも、筋は二の次、三の次。あくまでも役者の得意芸（演技）をみせるために舞台化されたし、目を楽しませることに力を注いでいた。お国歌舞伎がすでにもっていた茶屋遊びの寸劇の言語性を、役者の肉体性に付け加えたことで、上方歌舞伎は「和事」という演技体系をひとつの特色として作り出したのである。

人工の肉体――「隈取」

隈取

若衆歌舞伎《わかしゅかぶき》の流れをくむ江戸歌舞伎は「荒事《あらごと》」といわれる演技体系を生み出した。新興都市江戸では共通語が生まれていなかったため、はなしことば中心の演目を演じるかわりに、役者の肉体により依存した「荒事」の演技体系が開発されたのである。

ことばではなく、肉体でみせる非言語性をもっともよくあらわしているのが、「隈取《くまどり》」である。歌舞伎独特の化粧法のことで、荒事になくてはならない重要な演出である。一見みな同じようにみえて実は五〇種類以上ものバリエーションがあるというから、歌舞伎の歴史はおもみがある。

歌舞伎の登場人物は類型的で、衣裳、かつら、化粧をみれば、おおよそ身分や職業あるいはその人の性格までわかるようになっているが、隈取は顔に集約された人間性を伝えるもっともわかりやすい代表例であろう。それは隈取の基本的な性格が〃誇張〃にあるからである。隈取をほどこす人物は、①超人的なパワーを持つヒーローか、②それに敵対する敵役《かたきやく》および非人間的なキャラクターと決まっている。どちらのタイプも普通でない存在をアピールしている。そして、前者は正義や善をあらわす赤（紅）の暖色系、後者は悪をあらわす青や黒や茶を基調にした寒色系の色彩で表現され、英雄、豪傑、幽霊、妖怪、動物など、通常の人間を越えた異常な力をもった役柄としてその性格を誇張し、視覚化してみせるのである。

方　法

その方法は、縦横無尽《じゅうおうむじん》に配色して顔をアートしているわけではなく、白、赤（紅）、青（藍）、黒（墨）の四色を基調に、隈の取り方との組み合わせにより、構成されている。隈取の手順は、①顔全体と首筋に白粉で地塗りする、②隈取のパターンにそって線を描き、手を使って指先でぼかす、③隈を取り終わったら、油墨《あぶらずみ》で口をへの字に割り、目張《めば》り、眉《まゆ》を描く、というのが基本である。隈取のパターンは、顔を縦に走る筋肉（咀嚼筋《そしゃくきん》）と横断する筋肉（顔面筋《がんめんきん》）の、縦線と横線の組み合わせにより構成されている。描かれた顔は瞬間表情でありながら、動きがあるのは表情が顔の筋肉によってつくられることに注目し、隈取を筋肉にそってほどこしているためである。そうすることにより、役者の表情をいかした。歌舞伎独自の工夫である。

初代市川団十郎

この「隈取」を発明したのが初代市川団十郎《いちかわだんじゅうろう》である。貞享二年（一六八五）、江戸の市村座《いちむらざ》で市川団十郎主演の『金平《きんぴら》六条通』が上演された。坂田金平に扮した団十郎が大当たりをとったのは荒事を演じてみせたからである。このとき団十郎二十六歳。一大スターとして元禄期の江戸歌舞伎界に君臨する資格を獲得したのであるが、成功の秘訣《ひけつ》はなんだったのかといえば、それは、自分をプロデュースする力があったからである。自分をいかに魅力的にみせるか。荒事はそんな思いから生まれた団十郎の自己主張そのものだったのである。団十郎が押さえたのは、①主人公は勧善懲《かんぜんちょう》悪《あく》の正義漢、②その主人公と団十郎のイメージをダブらせ、江戸庶民にアピールする、という二点だった。

現在、舞台上で行なわれる荒事はといえば、まず、主人公はスーパーマン的活躍をするために、荒々しく、とてつもない強さの持ち主で、人間わざとは思えない怪力が条件だ。それを視覚化するために、体全体が大きくみえるように、特徴的なかつら、綿入れの着物に太い丸ぐけの帯、大きめの刀を何本もさすという扮装。この格好に見合った顔をこしらえるために「隈取」である。こうして全体のバランスをとり、肉体美を力の表現によってみせた。団十郎の創造精神はしっかりと受け継がれ、今日に至っている。

通常の人間とは異なった肉体――加工された肉体をみせるという方法を獲得し、大衆を魅了していった初代団十郎の創造力はみごととしかいいようがない。この方法は荒事の主人公にそのまま受け継がれることになる。

外見が本質をあらわす

初代団十郎の発明した「隈取」は以後二代目団十郎をはじめとする荒事系、あるいは敵役系の役者たちによって、欠かせない表現手段のひとつとして、いくつものバリエーションを生む。まず、正義や善のために超人的なパワーを発揮する荒事系のスーパーヒーローをあらわしているのが、顔の地を白く塗り、そこに赤で隈を取った顔（紅隈《べにぐま》）。これは隈の取り方によって、むきみ隈、一本隈、二本隈、筋隈《すじぐま》などの種類がある。むきみ隈はもっともシンプルな隈で、力強さだけでなく、若くて美しい、そんな主人公が取る隈である。吉原一の遊女揚巻《あげまき》を恋人に持つ憎い色男助六（『助六所縁《すけろくゆかりの》江戸《えど》桜《ざくら》』）はこのむきみ隈。隈の本数が多ければ多いほど、それだけ悪に対しての怒りの度合いが強いことを示しており、一本隈よりは二本隈のほうが、二本隈よりは筋隈のほうがそれだけ力が強いということになる。筋隈は「しばらくしばらく」と声をかけながら出てきて悪人をこらしめる『暫《しばらく》』という芝居の主役が取る隈で、二メートル近い大太刀《おおだち》を抜くと、仕丁《じちよう》たちの首を一度にサーッと斬りおとすという豪快さだ。こういったスーパーヒーローたちに敵対するのが、青（藍隈《あいぐま》）や茶（黛赭隈《たいしやぐま》）や黒（墨隈《すみぐま》）の寒色系で隈をほどこす邪悪なキャラクターである。隈の取り方によって、公家荒れの隈、亡霊の隈、土《つち》蜘蛛《ぐも》の隈などいくつかの種類がある。公家荒れの隈は青や茶を用い、『妹背山婦女庭訓《いもせやまおんなていきん》』の曾我入鹿《そがのいるか》、『菅原伝授手習鑑《すがわらでんじゅてならいかがみ》』「車引《くるまびき》」の藤原時平《しへい》といった謀反人や極悪人がほどこす。亡霊の隈は『船弁慶《ふなべんけい》』の知盛《とももり》、土蜘蛛の隈は『土蜘蛛《つちぐも》』の蜘蛛の精など、人間以外のものの怖さを表現している。顔をみればその役の性格を見抜くことができるのである。ちなみに、赤の暖色系が善や正義を、青や茶や黒の寒色系が悪や不正をあらわすという色彩感覚は、実は歌舞伎が生み出したものではない。日本古来の色彩観念が反映しているという（諏訪春雄『歌舞伎の方法』所収「隈取・人形・仮面」）。

さらに興味深いことは、隈取に代表される、見た目で判断できるという歌舞伎の性質は、色や形が物の本質をあらわすという深層観念の反映であるということだ。形や色には固有の神様がいて、それぞれの神様が乗り移ることにより、人間の性格がかわる。つまり隈取

（化粧）や衣裳がかわれば、人格や本質がかわるということである。おそろしく簡単に説明すれば、この思考法はアニミズムやシャーマニズムといった古来の神信仰と深いかかわりを持ち、古代日本人の神にたいする考え方が反映されたということである。

外見が本質をあらわす。「隈取」はそうした発想から、顔にあらわれる人間の心のうちを視覚化した。私たちが美しい形や姿にこだわるのは、実は顔にあらわれる心の美しさにあこがれているからかもしれない。「見た目はあなどれない」。そんな説得力が「隈取」にはある。

スター・カタログ——役者評判記

役者評判記

花井浅《あさ》之《の》丞《じょう》

まひよし、面躰《めんてい》、かんばんの。かしら座をめさるる人には。おしからぬ人なりされ共《ども》。ふくれすぎて帝江《ていこう》といふ。けだ物に似たり取りなりわろし。

加川右近

いまた少年なれはなにはの。よしあしさだめんもおとなげなし。去ながらむまれ付の面躰は。いかさまあん(安)阿弥の御作にても有へきか。心だておむくにして、殘所なし。藝も少年にはめつらしきとの取りさた也。わらひがほうつくし此程たれかいひそめつらん。

平田市太夫
　いつもはらたちたる顔つき也藝もおもはしからすとりなり。わろしされともたてくふむしもあれば。心をくし給ふな。
村山久米之助
　面躰よし。小歌は。座中ならぶものなしあみだによらいの。いみじきみのりをとかせらるゝ。極楽とやらんにある。かれうびんがのこゑに、よく似たると。ゑんまわうとのも申されき。心だてむく〳〵として。人の氣にいる也。

これは万治三年（一六六〇）発行の『野郎虫《やろうむし》』という「役者評判記」、さしずめ歌舞伎役者のスター・カタログといったところだ。対象になるのは、もちろん若衆方や女形の若い「野郎」たち。中心は容姿にかんするもので、とくに「面躰《めんてい》」は重要なポイントである。加川右近の顔立ちは「いかさま安阿弥の御作にても有るへきか」などとほめられている。「安阿弥」というのは鎌倉時代初期の仏師快慶《かいけい》のこと（快慶の法名安阿弥陀仏）。「安阿弥の作」というのはイコール美少年の代名詞になっているくらいである。顔立ちが思わしくないとダメかというとそうでもない。平田市太夫は「たてくふむしもあれ心おくし給ふな」としっかりフォローされている。花井浅之丞などは、太りすぎを「けだ物」に似ていると酷評されながらも、面体がいいので許されている。容姿だけではなく、「舞よし」とか「小歌は座中並ぶものなし」など、芸についても触れられているが、その視線はどちらかといえば、踊りや歌が容色を引き立たせるか否かにむけられ、純粋に芸のよしあしを言及しているわけではない。

『役者口三味線』

このノリ、このスタイルで刊行され、立役《たちやく》や敵役《かたきやく》や道化役《どうけやく》などが評に取り上げられるようになるのは、三〇年ちかくたってからのことであった。

元禄十二年（一六九九）、版元八文字屋自笑《はちもんじやじしょう》が出版した『役者口三味線《やくしゃくちじゃみせん》』は画期的だった。京・江戸・大坂の三都の役者を立役・敵役・道化・親方・若女形・若衆方・花車方の七つの役柄順に、それぞれ「上上吉《じょうじょうきち》」「上上」「上」「中ノ上」「中」の五段階に位付けして批評するという新しいスタイルはおおいにもてはやされた。

『役者口三味線』は、ほめる「大じん」とわる口いいの「法師」というふたりを登場させ、合評《がっぴょう》形式で配役と演技についてかなり具体的に批評をくわえ、新しい評をぞくぞく盛り込んだ。もちろん、ひいきの目も考慮して公平な評をこころがけるあたりが抜けめない。

はじめに短編小説風の読み物を載せ、そこに登場した人物（「大じん」と「法師」）がいつのまにか芝居の批評をはじめるというアイデアも当たったのである。

立役之部の巻頭に「上上吉　坂田藤十郎」としてこんな風に批評している。坂田藤十郎といえば、上方歌舞伎界のスターである。

「法師」が「藤十郎には、けいせいかいの云いたてより外、さらに今までかわりたる所《しょ》作《さ》をみず、なにゆえに巻頭におかるるぞや」と尋ねると「大じん」は「京の見物に見あかれず、藤十郎藤十郎と称美せられ給うは、飛んだりはねたり、芸のありたけ働かるる方よりは、まさりて徳ある上手にあらずや」と答える。すると、「法師」は「去年のけいせい江戸桜、去去年七堂がらんはやらざるはいかに」とたたみかける。「大じん」は「はやるはやらぬは芝居のことにかぎらず、万事につけて幸不幸あることとなれば、この人の難にあらず」といってのける。

舞台を見る目は野郎の容色中心から役者の技芸にむけられていったが、視線は肉体に注がれているという基本は、かわることはなかった。江戸の立役のスター中村七三郎を「この人、町にて評判、美男といい、芸者といい、とかく言語におよばぬ」、京の若衆方の筆頭小野川宇源次を「この君今京にて上上吉ともてはやさしますれど、第一お顔にホウソウのあとあって気の毒、（中略）先《まず》お顔の道具よく、お目元したたるげのうて（たれ目のこと）いうにいわれぬところあり」、大坂で売り出した若女形浅尾十次郎を「この君、舞台を踏み染められて、いまだ四五年になり申すが、はやその年より上手じゃと、堀での評判でござった、第一器量よく、目元に恋をふくませ給う」といった具合である。

非言語的な役者の肉体の働きを、ことばという論理的な方法で説明しようとしたのが、「役者評判記」であった。

江嶋其磧

ちなみに、新しいスタイルの評判記『役者口三味線』を書いたのは、当時まだ無名の浮世草子《うきよぞうし》（＝現代風俗小説）作家江嶋其磧《えじまきせき》（京都誓願寺門前の大仏餅屋の主人でもあった）だった。其磧は京・江戸・大坂を三巻仕立てにしてそれぞれに序をつけて、技芸評に役者の位付けをして『役者口三味線』と名づけると、版元の八文字屋に持ち込んだ。「これはいける」と判断した八文字屋はすぐ出版した。それ以後、八文字屋にせがまれながら、「評判記」を提供することになる。翌元禄十三年（一七〇〇）『役《やく》者万年暦《しゃまんねんごよみ》』、元禄十四年（一七〇一）『役者略請状《やくしゃやつしうけじょう》』と刊行するにおよび、評判記の典型としてこのスタイルは定着し、〈評判記といったら八文字屋〉の勢いで他の本屋を圧倒した。

元禄十五年（一七〇二）、二条通りの出版社正本屋《しょうほんや》九兵衛《くへえ》から「どうしても」と頼まれ、しかたなく、『役者一挺鼓《やくしゃいっちょうつづみ》』を、八文字屋には『役者二挺三味線《やくしゃにちょうじゃみせん》』を提供したが、この先、掛け持ちはとうてい無理なので、正本屋には別の作者を紹介し、手を引いた。大仏餅屋の主人はディレッタント気分であいかわらず執筆を続けていたが、家業の餅屋が傾きはじめ、うかうかしていられない状況に追い込まれる。宝永末年（一七一〇）ころ、ついに餅屋の株を売ると、それを資金に息子名義で出版社江嶋屋《えじまや》をはじめたのである。当然のことながら、八文字屋に「評判記」の共同出版を持ち込んだ。ところが、八文字屋は拒絶、決裂となった。八文字屋はさっそく、別の作者を立てて、其磧を作者とする江嶋屋と対抗するのだが、腹いせに江嶋屋を「似せ本やまぎらわしい草子を出している」と中傷まがいのことを平気でやったりしたものだから、怒った其磧はついに、正徳四年（一七一四）、評判記『役者目利講《やくしゃめききこう》』の口上で「『役者口三味線』をはじめとする八文字屋版の評判記の作者は其磧だった」等々を暴露した。「歌舞伎の筋書き本である絵入狂言本を出版していた小さな本屋だった八文字屋が、こんなに有名になったのは誰のおかげだ」と思っているから、暴露にも力がこもる。

しかし、結局は四年後の享保三年（一七一八）の暮れには和解、翌享保四年（一七一九）『役者金化粧《やくしやきんげしよう》』の共同出版という体制で決着をみた。実際、江嶋屋は鶴屋喜右衛門や正本屋九兵衛といった出版社の援助なしには立ち行かなくなり、商才のなさが露呈したし、八文字屋も、作者其磧の不在は大きな痛手となったのだ。こうして双方の不都合を補う形で丸くおさまったというのが真相のようだ。

八文字屋は幕末まで評判記の版元として命脈をたもった。江嶋屋は享保八年（一七二三）消滅したが、其磧が確立した評判記のスタイルは、幕末にいたるまで踏襲《とうしゆう》された。

近松の成功と挫折

モラルと本能

新しい現代劇『曾根崎心中』

世話浄瑠璃

元禄十六年（一七〇三）四月、曾根崎《そねざき》の森で心中事件が起きた。女の名はお初。京の島原育ち、大坂の蜆川《しじみがわ》の新地に流れてきて今年二十一歳の女郎。相手の男、徳兵衛《とくべえ》は二十五歳。本町の橋詰の醬油屋平野屋の手代で主人とは叔父甥《おじおい》の間柄だった。ふたりは逢いはじめた夕べから深く言いかわすが、やがて、徳兵衛に江戸支店への転勤命令が下る。それも主人の十八歳になる養子娘との縁組というおまけつき。そんな折、お初にも豊後の客の身請《みう》け話が起こり、ふたりは自分たちの前途に絶望して、曾根崎の森を血でそめることとなった。これはその当時刊行の、情死者の名鑑『心中大鑑《しんじゅうおおかがみ》』が伝えたものである。

近松門左衛門《ちかまつもんざえもん》（図9）は翌五月、この事件を『曾根崎心中《そねざきしんじゅう》』のタイトルで人形浄《にんぎょうじょう》瑠璃《るり》に仕組んだ。巷《ちまた》の三面記事的ホットニュースを恋のメルヘンとして作品化したものだから、大当たりとなり、経営難だった竹本座は一気に負債を返済することができるほど話題を集めた。「世話《せわ》浄瑠璃」といわれ、新しいジャンルを確立する画期的作品でもあった。

相思相愛の男女が、自らの意志で死を選ぶ悲劇を究極の純愛物として描きだし、当時の庶民を主人公に、彼らの人間性を描いたことで、人形浄瑠璃は完全に現代劇として受け入れられることになったのである。

図9　近松門左衛門
（大阪城天守閣蔵）

主人公は等身大の庶民

元禄十六年（一七〇三）上演の近松門左衛門作『曾根崎心中』をもって、世話浄瑠璃という演劇形式が生まれると、これまでの浄瑠璃を時代浄瑠璃と称して区別した。

庶民社会でおこった世間のホットニュースを俗語で舞台化した演劇という意味で「世話物《せわもの》」とよばれ、これに対応して「時代物」は歴史の世界に取材した演劇という意味で用いられた。「時代物」が政治の秩序や為政者のモラルあるいは国家のあり方をテーマに描き出そうとしたのに対し、世話浄瑠璃は等身大の庶民を主人公にして人間そのものを描き出そうとしたものである。

ことばの発生は「世話物」の方が先だが、演劇形式の実態としては「時代物」の方が先であった。そもそも、天下国家のあるべき理想の秩序を描いた時代浄瑠璃は、江戸時代以前の世界を借りて、現世の秩序を投影したものであった。従来の浄瑠璃の上に、「世話物」の方法を導入して生み出されたのが、世話浄瑠璃ということになる。

「世話物」の方法は歌舞伎にすでに存在した。事件の異常さを描き出してみせることを主眼に、当時町人社会のなかでおこった心中、殺人、不義密通などの事件を脚色、上演するということをやっていた。天和三年（一六八三）、新町の遊女と呉服屋の手代が大坂の生玉《いくたま》で心中した事件を『生玉心中《いくたましんじゅう》』として脚色したのがはじまりで、『曾根崎心中』が創作される以前、三〇種類近く（うち一五種は心中物）の世話狂言がすでに上演されている。

近松が歌舞伎の世話狂言から取り入れたものはまず、主人公が庶民であること。庶民社会のニュース種を作品の素材にするという方法も世話狂言から取り入れた。いずれも、天下国家の秩序をテーマにした時代浄瑠璃が取り上げることのなかったものである。

本能の追求

近松は、曾根崎の森を血でよごした、ありふれた男女の心中事件を、主人公たちの創造に力を注ぐことでドラマ化してみせた。ふたりの名前や身分、徳兵衛に身内との結婚話がおきていること、曾根崎の森で心中することなどは実際にあった事件をそのまま取り入れたが、明確な愛のテーマを打ち出すために、徳兵衛の江戸支店への転勤命令、お初の豊後の客の身請け話は切り捨てた。

そして、ふたりを心中に追いやった原因をこんな風に設定した。

① 強欲な在所の継母。平野屋の主人は姪《めい》に持参金をつけて、徳兵衛と結婚させようとしたが、田舎の継母が、承知しない徳兵衛を無視して、徳兵衛に断りもなしに、かってにその持参金を受け取ってしまった。

② 九平次という敵役。やっと取り返したその金を明日中に主人へ返さねばならないのに、たのまれて友人の九平次に貸したが、借りた覚えはないと騙《だま》しとられ、印判偽造の汚名まで着せられる。

この二点を造形することにより、おそらくは金にこまって心中したにすぎぬ男女を、同情すべき人物に仕立て上げ、心中を正当化した。

これによって、お初への深い愛ゆえに結婚を拒否した徳兵衛の、遊女お初をひとりの女

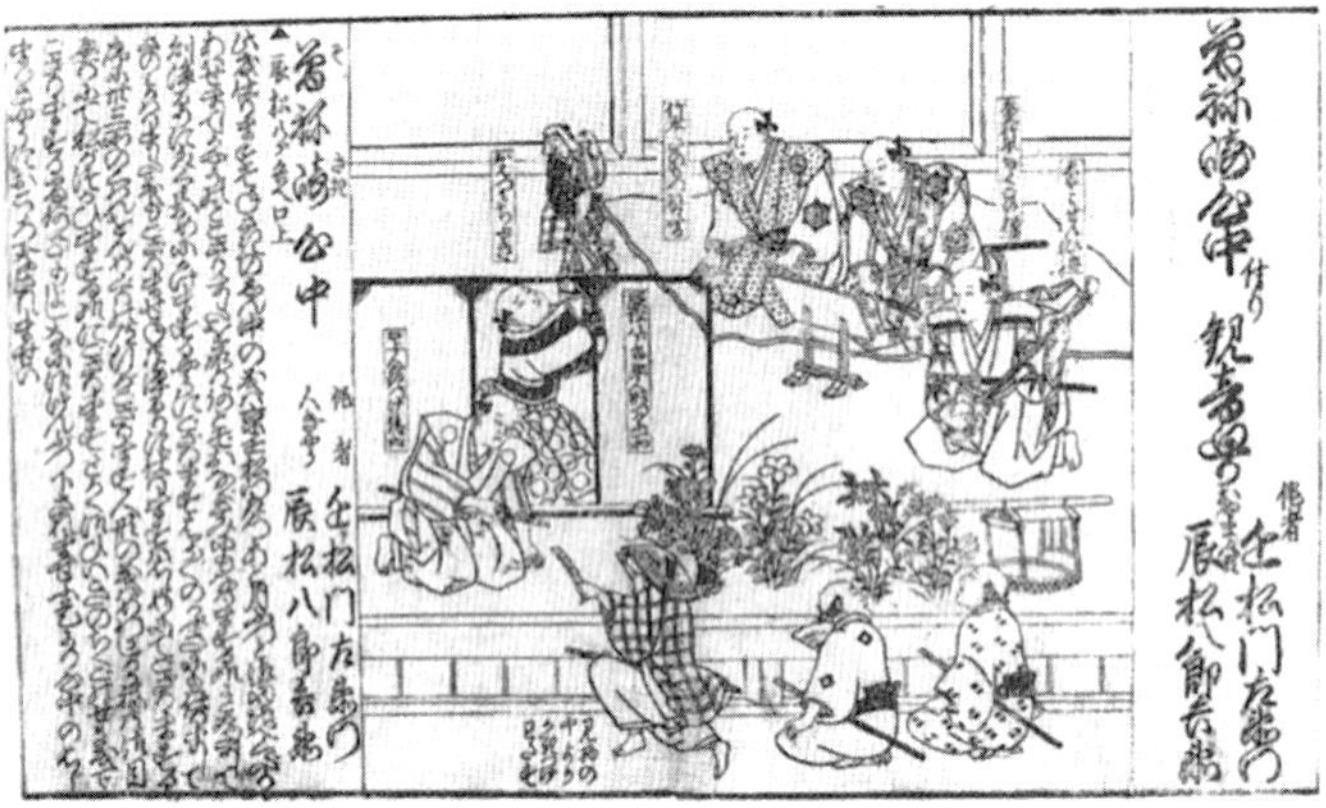

図10　お初を遣う辰松八郎兵衛（口上番付，『牟芸古雅志』所載）

性として愛する人間像を印象づけたし、それに答えるお初の徳兵衛への純愛を際立たせた。

お初の愛くるしさを強調するかのように、冒頭に観音廻りの景事を設け、女形人形遣《おんながたにんぎょうづか》いの名手辰松八郎兵衛《たつまつはちろべえ》にお初を出遣《でづか》いで遣わせているのも、お初のイメージアップをねらったものである（図10）。

心中道行《みちゆき》の形式も世話狂言から取り込んだ。お初徳兵衛の心中道行はカタルシス効果を発揮、観客は心をうばわれた。これによって、道行といえば、相思相愛の男女が主役となり、道行は生と死を橋わたしする道程を意味するようになった。

「この世もなごり、世もなごり、死に行く身をたとうれば、あだしが原の道の霜、一足づつに消えて行く。夢の夢こそ哀れなれ……」ではじまる美しい道行文は、「心中」をかっこいいひびきに聞こえさせ、若い男女をその気にさせた。「断末魔《だんまつま》の四苦八苦」と死の瞬間の苦しみを書きしるしたとて、来世の幸せを願い、相手の愛を信じての死の道行を描いた名文には、情死を美化せずにはおかない力がひめられていたのである。

近松は、論理をつたえることばを手段にしながら、論理とは対極にある情感をしたたかにつたえていったのである。『曾根崎心中』人気の秘密はそこにあった。

心中禁止令

元禄から享保にかけてあまりにも心中が流行し、苦々しく思った為政者八代将軍吉宗は心中を反社会的行為として厳しく処罰するため、心中禁止令を出したくらいである。吉宗はとくに心中という語をきらい、「相対死《あいたいじに》」という法律用語を適用した。そもそも心中とは誠意とか真心という意を持っていて、心中死の「死」が落ちても、相手に誠意をしめすためにいっしょに死ぬという語感をともなった。誠意といった価値観をふくんだ「心中」に対し、「相対死」ならばふたりの死の事実を強調し、残酷で醜悪な現実を実感させることができると考えたのであろう。心中禁止令の出たのが享保七年（一七二二）、このとき心中事件を劇化、文芸化することも同時に禁止されたため、近松の心中物も、一一作目の『心中宵庚申《しんじゅうよいごうしん》』が最後となった。当時の庶民を主役にした現代劇としての世話浄瑠璃が及ぼした社会的影響力は想像を絶するものがあったのである。

たよりない男主人公

人物造形も歌舞伎をヒントにした。世話浄瑠璃に登場する男主人公たちは徳兵衛をはじめ、共通してたよりない人物が男主人公である。たとえば、徳兵衛。醬油屋の手代風情でたいして自由になる金もないくせに、遊女にいれあげるような男であり、友人と思っていた九平次にだまされ、公衆の面前で恥をかかされるような男である。こんな頼りない男であるのに、お初は徳兵衛の愛をなんの疑いもなく信じ、「いざとなったら死んであの世で添うまで」と思っている。それは、世間知に乏しい男ではあっても、愛する女との幸福のためにはなにものをも省みぬ強者であるという徳兵衛の魅力に支えられているためだ。無鉄砲ともいえるひたむきさ。

近松が徳兵衛のような男主人公を造形する際にヒントにしたのが、坂田藤十郎とコンビを組んで書いた歌舞伎狂言中の藤十郎が演じる主人公であった。善人だが、頼りなく、無分別。「色男金と力はなかりけり」を地でいくような、女にだらしない男。取り得といえば女への誠実な愛を持ち合わせていることくらい。そんな主人公を徳兵衛とだぶらせたのである。歌舞伎では藤十郎の演じる主人公は、恋愛の舞台的表現としてみせる「濡れ事」や「口説事」といった得意の個人芸を披露することに目的があったから、限りなく遊戯的な気分のなかでユーモアのある人物として活躍した。

近松はそんな人物を、悲恋をテーマとする悲劇的なストーリーのなかに再生させた。手代の身分で遊女に熱をあげ、挙句叔父でもある主人の姪との結婚話を拒否した男の、本能に生きようとする姿を生き生きと描き出したのである。

愛の賛歌を歌い上げた近松。ふたりの心中を「未来成仏《みらいじょうぶつ》疑いなき、恋の手本となりにけり」とたたえている。

時代と世話

正徳五年（一七一五）、大坂竹本座《たけもとざ》で上演された近松作の時代浄瑠璃《じだいじょうるり》『国性爺合戦《こくせんやかっせん》』は、人形浄瑠璃の人気を決定的なものにした。

義理と情の調和

中国人の父と日本人の母との間に生まれた和藤内《わとうない》を主人公に、滅亡の危機にある父の祖国大明国を支援するために、父母とともに海を渡って大活躍するというスケールの大きい物語は、当時鎖国下の日本にあって、人々をおおいに熱狂させた。全五段のうち、クライマックス三段目の切《きり》「甘輝館《かんきやかた》」はドラマチックである。

和藤内の父は中国に残してきた娘錦祥女《きんしょうじょ》を尋ね、親子の名乗りをあげると、錦祥女の夫甘輝《かんき》将軍に大明国再興の助力を願い出る。甘輝将軍は、今は敵国ダッタン国に所属しているが、大明国の側に正義があると信じ、和藤内らに賛同するものの、妻錦祥女の縁に引かされてダッタン国を裏切るのは潔くないと悩み、妻を殺そうとする。ところが、和藤内の母は、錦祥女をかばったため、甘輝将軍は助力を断念、援助話はだめになる。ダッタン国が不正でありながら、味方しようとしている夫に道をあやまらせてはいけないという妻の愛情と、正義のために日本からやってきた実父や異母弟和藤内への義理が働いて、錦祥女は死を選ぶ。自分で自分の胸を突き刺して自害した錦祥女への義理から、「義理の娘を見殺しにしたといわれては日本人の継母の恥である」といって、錦祥女が胸を突いて死んだ同じ刀で、のどを突いて後を追う。実は甘輝将軍にたしかに味方になってもらいたいと思う母の気持ちと、夫や息子に錦祥女の死を非難されることをさけたいと願う肉親への愛情から発して決意した死であった。ふたりの犠牲的な死によって、甘輝将軍は和藤内らとともに、ダッタン国征伐の戦いに出発する。悪の側に傾いていた秩序が、ふたりの犠牲的な死をきっかけに善に傾き、やがて大明国の秩序は回復されたのである。

政治をテーマにする時代物、近松は大勢の犠牲の上に秩序が回復されるという展開のなかで、人間のモラルである義理と本能的なものである情（人情）を調和させた。

この方法は人間を描く世話物でも実現された。享保五年（一七二〇）、大坂竹本座初演の『心中天《しんじゆうてん》の網島《あみじま》』は、二四編ある近松の世話浄瑠璃のなかで最高傑作といわれる作品である。

『心中天の網島』

「夫と別れてください」。おさんは女の恥も意地も捨て、曾根崎新地《そねざきしんち》の小春《こはる》に手紙を書いた。小春は夫治兵衛《じへえ》が三年越しになじんだ遊女、心中の約束をするほどの仲だったが、「女は相身互いごと。切られぬところを思い切り夫の命を頼む」という治兵衛の妻おさんからの真情こもった手紙に感じ入り、「引くに引かれぬ義理合い思い切る」と返事をした。本来なら妻と遊女という身分上の隔てがあるにもかかわらず、小春はおさんが、自分をひとりの女として対等に扱ってくれたことに誠意を感じたからである。

夫の曾根崎通いはおさまったが、紙屋の主人として、仕事に身がはいるわけではなく、魂がぬけたようにうつろである。恋敵《こいがたき》の太兵衛に小春が請《う》け出されると知るや、泣き出す始末。おさんはとうとう夫にうらみつらみをぶちまけると、治兵衛は「太兵衛に請け出されるくらいなら、私は死ぬといっていたくせに……小春への未練で泣いているのではない。太兵衛にばかにされ、生き恥をかくことがくやしい」と涙の理由を告白する。これを聞いたおさんは愕然《がくぜん》とする。一生いうまいと思っていた、小春への手紙の秘密を打ちあけ、

「これほどのしっかりした女が、そう簡単に太兵衛などに請け出されるはずがないから、小春はきっと死ぬ覚悟にちがいない。小春を殺しては、女同士の義理が立たない。小春さんを助けて」と夫にすがって泣きさけんだ。せめて小春を請け出す手付の金だけでも調えようと、たんすにありったけの着物を質草にしようとするおさん。この場面のおさんの小春への義理は、女同士の義理をはたしてくれた小春の誠意にうたれた情から発したもので、作品が傑作とたたえられる所以《ゆえん》もこうしたところにある。

テーマの異なる「時代物」と「世話物」では、作劇法も当然異なったが、両者は義理と情の方法でドラマ化した点、共通の特色であった。近松は義理と情の調和した人間性を理想としたが、近松の理想は、そののち、近松の所属した竹本座と、ライバル座の豊竹座《とよたけざ》に分裂して受け継がれたのち、真の後継者とでもいうべき並木宗輔《なみきそうすけ》によって再生される。

竹本座と豊竹座

当時の現代社会を鋭くとらえた、語り物ではあるが非常にドラマチックな新しい浄瑠璃《じょうるり》である義太夫節《ぎだゆうぶし》が当流《とうりゅう》浄瑠璃として、人形浄瑠璃の本流になりえたのは、弟子たちが義太夫節をふたつの芸風によって継承したことにある。

義理重視の竹本座と情重視の豊竹座

竹本義太夫の没後（正徳四年〈一七一四〉、六十四歳没）、竹本座は義太夫が後継者と指名した政太夫《まさたゆう》を中心に、座付作者の近松門左衛門《ちかまつもんざえもん》に導かれながら、師匠義太夫の地味で堅実な芸風を継承。師匠存命中（元禄十六年〈一七〇三〉）、道頓堀にある竹本座の東側に豊竹《とよたけ》座《ざ》を創設した弟子の若太夫は、座付作者として紀海音《きのかいおん》を迎え、師匠義太夫の持ち合わせなかった派手で技巧的な芸風で義太夫節に芸の幅をもたせた。両座は太夫の語り口によって、西風、東風という様式を生み出し、興行界を二分した。

語り口だけでなく、作品の傾向にも違いがあった。紀海音は享保八年（一七二三）、突如引退を表明、近松門左衛門は紀海音引退の一年後、病でこの世を去る。以後、合作が浄瑠璃制作の一般的傾向となり、竹本座は近松のあと、竹田出雲《たけだいずも》、三好松洛《みよししょうらく》、文耕堂《ぶんこうどう》らが、豊竹座は海音のあと、西沢一風《にしざわいっぷう》、安田蛙文《やすだあぶん》、並木宗輔《なみきそうすけ》らが活躍する。

出雲と宗輔

諏訪春雄氏は、竹本座を代表する竹田出雲と豊竹座を代表する並木宗輔の作品を比較・分析し、竹本座が秩序や正義を最高の価値ととらえ、豊竹座が秩序や正義のために払われる人間の行為や犠牲を通して、歴史的正義を考えるという傾向がみられると指摘している（諏訪春雄『近世戯曲史序説』所収「第三章第三節 並木宗輔」）。

諏訪氏によれば、作者が作品に盛り込んだ思想や主張をあらわす「大序《だいじょ》」、あるいは作者がもっとも力をこめて筆を執る三段目のクライマックスである「切《きり》」の部分には、両座の特色の違いがみえるという。

たとえば、竹本座を代表する竹田出雲と豊竹座を代表する並木宗輔の作品にみられる大序を比較すると出雲の方に、秩序や正義を最高の価値ととらえる傾向がみられる。

徐吾犯が美妹閨窓に夫を択ぶ。子哲は浮華にして。錦を纏ひ。子南は丈夫にして戎を服る。

これは、工藤祐経《くどうすけつね》が曾我《そが》兄弟に仇を討たれるまでを描いた『工藤左衛門富士日記《くどうさえもんふじにっき》』（享保十三年〈一七二八〉竹本座上演）の大序である。要約すれば、「夫婦は互いにわきまえて分を守れば、世の中は自然と無事におさまるものだ。源頼朝は日本国の武将として名前を高めている」というようなことをいっている。

一方、夫婦間の相克《そうこく》を描いた並木宗輔作『南蛮鉄後藤目貫《なんばんてつごとうのめぬき》』（享保二十年〈一七三五〉豊竹座）の大序は、

兄弟は是手足の如く。垣を隔てて争へども。外あなどりを防ぐといへり。夫婦の中は花衣色そめかへて新にすえる枝の離れなば元の根ざしを得がたしと。筆にいはせてをしへ置く虚無大道の源氏。頼朝公の澪平こそ。武将の大度と。仰なれ。

「兄弟はいったんあらそうようなことがあっても肉親の情で結ばれているが、夫婦はひとたび離れると元に戻ることはない」といった要旨である。「夫婦の絆に対する懐疑」といった内容は、秩序や正義を中心テーマにした竹本座の出雲とは違ったテーマを持っている。

違いがはっきりあらわれている、作者の中心思想が集約されている三段目のクライマックスである「切」の場面をみてみよう。

三段目の切

出雲作『大塔宮曦鎧《おおとうのみやあさひのよろい》』は悪逆の常盤駿河守《ときわするがのかみ》を上司に持つ斎藤太郎左衛門の苦衷《くちゅう》を描いた作品。駿河守の悪をいさめようともしないで、自分の孫の首を、若宮の首の身替りにしようと考え、一方、若宮を預かる永井右馬頭は太郎左衛門の同僚で、若宮にはなんのゆかりもなかったが、太郎左衛門にいっぱい食わせるために我が子の首を身替りにたてようと図る。太郎左衛門は謀反を阻止することで北条家をうらぎらないかわりに、帝の血筋をも守ろうとする。一見、近松が時代浄瑠璃の三段目に仕組んだ悲劇的な犠牲死や身替りの死と同じようであるが、意地で簡単に子供を犠牲にするという描き方は、実はその精神を失った、形骸化した形で継承されているにすぎない。

これに対し、宗輔は、秩序や正義のために払われる人間の行為や犠牲を描くことで、歴史的正義を考えるという方法で作品を書いた。

元文元年（一七三六）、豊竹座上演『和田合戦女舞鶴《わだがっせんおんなまいづる》』の三段目。

妻板額は、大罪人のいとことという理由で、武士の義理を通され離縁され、夫と敵味方になったにもかかわらず、忠義のために我が子市若を身替りにするという残酷な行為の選択をせまられる。板額が忠義のために市若を切腹させることで、秩序は回復する。板額の苦悩する姿を中心にクローズアップすることで、歴史的正義のために人間がいかに大きな犠牲をはらわねばならないかを描き出そうとしたのである。

　宗輔は近松と同じ方法で、言語を表現手段にする世界に、人間世界の混沌につながるものをもちこむことで、自分の理想とするものをつたえようとした。

　豊竹座の座付作者だった宗輔は、歌舞伎作者に転向し、ふたたび浄瑠璃作者に戻ったとき、ライバルだった竹本座へ移籍する。竹本座で、のちに名作とたたえられた三部作『菅《すが》原《わら》伝授《でんじゅ》手《て》習《ならい》鑑《かがみ》』『義経《よしつね》千本《せんぼん》桜《ざくら》』『仮名《かな》手本《でほん》忠臣蔵《ちゅうしんぐら》』が上演され、大成功をおさめたのは、宗輔の浄瑠璃の方法が全体を支配したためであろう。人形浄瑠璃の全盛といわれたこの時期を、男性原理と女性原理のキーワードで説明するならば、男女両原理のみごとな融和としてとらえることができる。

スキャンダラスな肉体――絵島事件

絵島生島事件

事件は正徳四年（一七一四）正月十二日に起こった。月光院《げっこういん》（七代将軍家継《いえつぐ》の生母）に仕える江戸城大奥年寄絵島《えじま》らが、代参として芝増上寺《しばぞうじょうじ》への参詣の帰り、木挽町《こびきちょう》の山村座へ立ち寄り、芝居見物したことにはじまる。

当時、山村座では、曾我《そが》狂言《きょうげん》『東海道大名曾我』を上演していたが、絵島らは借りきった二階桟敷で芝居見物をたのしみ、そこへ役者たちを呼んで、酒宴に興じた。

絵島のお目当ては、山村座の座頭《ざがしら》で美男役者の生島新五郎《いくしましんごろう》。もともとは上方出身、若いころは江戸の若衆方《わかしゅがた》の随一とされ、立役《たちやく》となってからは、やわらかみのある芸風で濡れ事、やつし事などの和事《わごと》を得意とし、女性の人気を集めた役者である。芳川は若女形の玉沢林弥、伊予は若女形の中村源太郎、藤枝は松本重巻をはべらせ、宮路、梅山、木津らの女中は、同じ木挽町の森田座に出演している立役の村山平右衛門、勝山又五郎、若女形藤田花之丞をわざわざ呼んでいたというから、わがまま放題楽しんでいたのである。江戸城の大奥に勤める奥女中たちにとって他出の際、チャンスを狙っての芝居見物は公然の秘密であったが、翌日におよんで事は発覚し、事件はおおやけとなった。役者たちの肉体は「スキャンダラスな肉体」と化し、とんでもない大事件へと発展したのである。

厳しい詮議の結果、大奥出入りの御用商人との癒着《ゆちゃく》が判明した。大奥の御用達《ごようたし》になろうとした浅草の材木商栂屋《つがや》善六と出羽屋源七は大奥の医師奥山交竹院《きょうちくいん》と小普請奉行《こぶしんぶぎょう》金井六左衛門を通じて大奥で権勢をほこる絵島に近づくため、絵島をはじめ他の奥女中たちをたびたび芝居に招待し、とりいろうとしたのである。絵島らの芝居通いの接待費は材木商から出ていたとか、山村座の二階桟敷を借りきったのは呉服商だとかなんとか、つまり大奥の利権がからむ不正が明るみになったということだ。

山村座廃座

関係者にくだった処罰は予想外の重いお咎《とがめ》だった。絵島は信州高遠《たかとお》へ永《なが》の遠流《おんる》、生島新五郎、酒の相手をした山村座座元の山村長太夫や狂言作者中村清五郎、医師奥山交竹院《きょうちくいん》、小普請奉行金井六左衛門らは流罪《るざい》、連座したものは一五〇

○人にものぼったという。

江戸時代を通じて例をみない大事件は、政治にからむ大奥の権力争いに原因したわけだが、とりわけ芝居関係者に下されたお咎は厳しいものだった。まず当然のことだが、山村座は劇団および座元の財産が競売に付され、廃座となった。これ以後、江戸で興行権と劇場を所有する権利がみとめられたのは、中村座・市村座・森田座の三座となった。この三座にも追いうちをかけるように厳重なお触れが出された。その内容は、芝居小屋の桟敷は二階、三階とあったものを一階だけとすることとか、役者は桟敷や茶屋などへ呼ばれても行ってはいけないとか、桟敷に目隠しせず、見通しのきくようにすることといった桟敷関係のお触れにはじまり、芝居小屋や芝居茶屋の構造、舞台衣裳にまでおよぶものだった。芝居小屋の屋根や芝居茶屋は粗末に作れとか、衣裳は木綿だけを使用することとか、日が暮れる前に芝居を終了しろとかいった内容は、江戸だけではなく、京、大坂にもおよび歌舞伎興行界は大打撃をうけた。こうして、芝居関係者の風俗取締りは強化された。幕府にとって、一連の事件は実にいい口実となったわけである。

幕府がこうしたモラルを持ちこんだことで、歌舞伎は元禄歌舞伎時代の勢いを失いはじめた。やがて、八代将軍吉宗による享保の改革がはじまり、歌舞伎に対する取締りは厳しさを増す。幕府の統治に破れがみられる元文元年（一七三六）以降、ふたたび、天明歌舞伎時代といわれる隆盛期をむかえるまで、歌舞伎はしずかに、その時のくるのをじっと待つことになる。

その後の絵島と新五郎

ちなみに、三十三歳で、信州高遠へ遠流となった絵島は取り調べの最後まで、生島との情交を否定していたという。月光院のとりなしで、死罪をまぬがれたというが、肉体に魅せられた代償はあまりにも大きかった。格子をはめられた牢屋造りの囲屋敷の、八畳一室で見張りつきのくらし。食べ物は一汁一菜で朝夕のみ、酒も菓子もだめ、衣類は木綿にかぎるというものだった。江戸を発つとき、「またも見む名残は惜しき武蔵野の月の光の影もはづかし」という一首を残している。高遠にあること二八年、寛保元年（一七四一）六十一歳で没した。

三宅島に流罪となった生島新五郎はそのとき四十四歳。享保十八年（一七三三）、島で没したとも、赦免されて宝暦十二年（一七六二）、江戸に帰り翌年亡くなったともいわれておりさだかではない。

その昔、初代団十郎なきあと、二代目団十郎の後見役だった新五郎の句が、二代目団十郎の句集『栢莚《はくえん》狂句集』にみえる。「初かつほからしもなくて涙かな」。二代目団十郎は

「其のからしきいて泪の鰹哉」とかえしている。三宅島と江戸とでかわされたものだろう。

二代目団十郎は内容的にも演出的にも今日の『助六所縁江戸桜《すけろくゆかりのえどざくら》』に近いものをつくりあげたといわれるが、主人公助六実は曾我五郎演じる和事《わごと》は、後見役の新五郎の得意芸の和事が、荒事の家である市川団十郎家に趣向の一要素として取り入れられ、定着したもので、絵島事件で江戸劇壇から姿を消した新五郎の役者としての唯一の足跡といえるかもしれない。

カリスマ役者たちの盛衰

イデアとイコン

人形が人のごとくみえる三人遣い

三人遣い

享保十九年（一七三四）十月、大坂竹本座『蘆屋道満大内鑑《あしやどうまんおおうちかがみ》』（信太《しのだ》の森《もり》の白狐と安部保名《やすな》とがちぎりを結んで、陰陽師安倍晴明《あべのせいめい》が生まれたという伝説に取材した異類婚物《いるいこんもの》）が上演された。その四段目、保名との間に子までなした葛の葉は、狐の化身であることが知れると「恋しくば尋ね来てみよ」の歌を書き残して姿を消す子別れのシーンは今でも見所となっているが、初演当時は、この後の、姿を消した葛の葉を、保名の奴与勘平《やっこよかんべい》と弥干平《やかんべい》が悪の手から救い出す場面（二人奴《ににんやっこ》の段）が人気をよんだ。というのは今まで一人遣《づか》いだった人形を、三人遣いでみせたためである。

当時の様子を『浄瑠璃譜』（竹本・豊竹両座の盛衰を中心に記した浄瑠璃年代記。寛政ごろ

図11　三人遣いをみせた「二人奴の段」（人形役割の番附，「上方」121号所載）

成立）は次のように伝えている。

蘆屋道満大内鑑は人形遣いはなはだ上手となり、与勘平・弥干平の人形は、足・左を外人につかわし、人形の腹働くようにこしらえそめし也。これを操《あやつ》り三人懸《が》かりのはじめという。

その場面は、

二人の奴は敵をはらい、東西より立ちかえり、「ここはあやうしここはあやうし」と乗物片手に差し上げしは、肩もそろいの六尺浴衣手がらも対の大はだぬぎ。一息つきしはあうんの二王げんぶくしたるごとく也。

という個所である。

この場面が描かれた番付（再演時のもの）の絵（図11）を見ながら再現してみよう。

二人の奴与勘平と弥干平が両肌を脱いで尻はしょりし

て、駕籠をかき上げるところ、与勘平は右手でかき棒をかきあげながら、足をふんばり、弥干平が右手を押し開き、左手でかき棒を持ち上げ、ソクに立って大見得をしている。弥干平を例にとれば、右手を押し開く主遣い、左手でかき棒を持ち上げる左遣い、ソクに立って大見得をする足遣いと都合三人の人形遣いが必要となるわけだ。『浄瑠璃譜』にみえる「人形の腹働くようにこしらえ」というのは「一息つきしはあうんの……」のところで、左遣いのあいている片手をつかって腹を大きくふくらませてみせた工夫をさしている。

三人遣いの人形のダイナミックな動きは、説得力をもってうったえかけた。

吉田文三郎

このときこの人形を遣っていたのが、のちに「人形の氏神」とか「古今無双の名人」とか称えられた吉田文三郎だった。それでおそらく、三人遣いの考案者であろうといわれている。文三郎の父も竹本（吉田）三郎兵衛という竹本座の人形遣いで、おやま人形遣いの第一人者といわれた辰松八郎兵衛《たつまつはちろべえ》に対し、立役《たちやく》人形を遣って活躍し、竹本座の重役的存在として貢献している人だ。『曾根崎心中』のお初を辰松が遣ったとき、徳兵衛を遣ったのは三郎兵衛である。

文三郎は幼いころから竹本座に出入りし、迷うことなく父と同じ人形遣いになった。初舞台の『国性爺後日合戦《こくせんやごにちかっせん》』で、国性爺の子錦舎《きんしゃ》の人形を遣い、「錦舎の出遣い、片手にてのはれわざ、年若なれどもさすが親三郎兵衛の子ほどあり。のちにはあっぱれの役者にもなるべし」と評判されている。「片手にてのはれわざ」というのは、からくりを駆使した人形遣いの元祖山本飛騨《ひだのじょう》掾の影響による、人形の背中から手を入れる遣い方（従来は人形の裾から手を入れて遣う）で、のちの三人遣いにつながるものといわれている。父三郎兵衛は飛騨掾に刺激され、人形の奥義を極めたというから、それが文三郎につたえられて三人遣いが生まれたということになる。

思想の具象化

文三郎の遣う人形が「あやつりにかけては人形を持出人のごとくにみゆる」（『浄瑠璃譜』）と絶賛されたのは、人形が人間の動きにかぎりなく近づいたからである。それで、こんなうわさ話を呼び起こした。文三郎が昼間、舞台で遣った人形が、夜になって人の気配がなくなると、ひとりで動き出し、それも昼間、文三郎に遣われたとおりをくりかえしているとか。肌ぬぎになって太刀《たち》を抜いたまま、疲れ果てたようになって楽屋の入り口に倒れていたとか。闇をさぐりながら歩いている人形の後をそっとつけていくと、流し場で水がめに首を突っ込んで舌鼓をうって水を飲んでいたとか、というものだ。

こうしたうわさ話は、いかに文三郎が人形を迫真的にみせていたかということを示すエピソードである。実際文三郎は世間で流行ることは人形に取り入れたし、演出面において、いろいろ工夫をこらした。目、口、まゆ、指先の動く人形は文三郎の発明だ。『仮名手本忠臣蔵』の由良助《ゆらのすけ》を自分の紋である二つ巴《ともえ》の紋にしたり、『義経千本桜』の佐藤忠信《ただのぶ》にはその場を語っていた政太夫の定紋だった源氏車の模様をあしらったり、狐忠信の耳を動く仕掛けにした。『夏祭浪花鑑《なつまつりなにわかがみ》』ではおなじみの団七縞《だんしちじま》の浴衣《ゆかた》、徳兵衛の紺《こん》の碁盤縞《ごばんじま》の浴衣、お辰の桔《き》梗《きょう》帷子《かたびら》、黒繻子《くろじゅす》の前帯浅黄の綿帽子も、文三郎が着せたものだ。団七と義平次の立廻りで本水、本泥を使って悲惨な殺しをみせたのも、文三郎の考案である。これらは現在でも見慣れたものばかりである。馬に乗った人形を遣いながら門を越す宙のり（延享四年〈一七四七〉『傾城枕軍団』）を演じたり、ときには自分の顔に白粉・青黛《せいたい》をほどこし出遣いするなど（宝暦二年〈一七五二〉『名筆傾城鑑』）、人形よりも人形を遣う自分をみせたりしてひんしゅくをかったこともあったが、文三郎のひらめきは観客をおおいによろこばせたのである。

「歌舞伎はなきがごとし」

口がひらき、目をとじることができ、眉毛《まゆげ》も目玉も五本の指もうごく人形が三人で遣《つか》われるという、人形の技術的進歩は当然、戯曲にみあった現象であった。「歌舞伎はなきがごとし」といわれる人形浄瑠璃の全盛時代を

人形浄瑠璃の全盛時代

作者として支えたのは、並木宗輔《なみきそうすけ》である。

備後《びんご》三原（広島県）の成就寺（臨済宗）の僧侶だったのを還俗《げんぞく》して、豊竹座《とよたけざ》の浄瑠璃作者となった人だ。作者の氏神様といわれた近松門左衛門《ちかまつもんざえもん》が、この世を去った二年後の享保十一年（一七二六）四月、『北条時頼記《ほうじょうときよりき》』（西沢一鳳《にしざわいっぽう》・安田蛙文《やすだあぶん》との合作）でデビュー。はじめて書いた作品は大当りをとり、翌年春までのロング・ランを記録し、不安定だった豊竹

座の経営基盤はすっかり安定した。利益で北条蔵《ほうじょうぐら》と呼ばれる蔵まで建ったという。

座付作者だった紀海音《きのかいおん》引退後の豊竹座にとって、宗輔の入座は大きな力となった。以後、宗輔・蛙文のコンビで作品を提供（もちろん立作者《たてさくしゃ》は宗輔）、太夫ははなやかで技巧的な語り口の豊竹若太夫（上野少掾《しょうじょう》のち越前少掾）、女形人形遣いの名手藤井小三郎（初代・二代）、小八郎（初代の実弟）というメンバーで、出雲（作者）・政太夫（太夫）・文三郎（人形遣い）らの竹本座に対抗していく。

宗輔はとりわけ、女性が中心的役割を果たす作品を発表し、美声家で女性を語るのを得意とした若太夫と、女形人形遣いの名手藤井小三郎、小八郎に托した。たとえば、実子と義理の子の間で苦悩する母親とか、親の大義のためにおとりになって貞操を賭ける娘とか、夫に疎外されたあげく、計略に翻弄《ほんろう》される妻といった、人間として人格を認められず、追いつめられて苦悩する女主人公を造形し、封建社会の矛盾を描きだそうとした。

女板額《ばんがく》の悲劇を描いた『和田合戦女舞鶴《わだがっせんおんなまいずる》』では、藤井小八郎の遣った板額の人形が普通の人形の二倍であったという。

若太夫の甘美な節まわしに加え、人形という目に見えるものを通して、よりいっそう直接的にテーマを伝達することができたのである。

見せるという方法は、すべてにわたってみられた傾向だった。当時の人形浄瑠璃の盛況ぶりをのぞいてみよう。

竹本座、豊竹座の両座は東の豊竹座は西の竹本座に、負けまいとし、西の竹本座は東の豊竹座に勝とうと互いに励むから、ますます芝居は繁栄する。浄瑠璃の作者は種々さまざまの趣向を工夫し、道具建てにも金銀を惜しまず、金襖《きんぶすま》にて、舞台を輝かした。人形の衣裳には縮緬《ちりめん》・緞子《どんす》・繻子《しゆす》・金襴《きんらん》などで、美麗を尽くし、端役《はやく》の人形以外は足をつけて、歌舞伎役者の動きよりもみごとに天晴《あつぱ》れな見物事《ごと》である。(『竹豊故事』)

人形はからくりの機巧《きこう》だけでなく、衣裳も縮緬や地厚で光沢のある緞子や繻子や金襴の絹織物という贅《ぜい》をつくしたものを使用した。舞台を飾る大道具も金や銀を惜しまず用いている。

語りだされる世界は、繊細な人形のうごきと衣裳の美しさ、舞台道具の華やかさに助けられ、人形遣いによって具象化された。

太夫を中心に展開してきた浄瑠璃は、世界の運命なり秩序なりを語ってみせるという機能をあえて背後にしりぞけ、みえるものを通してみえないものへと観客をみちびく人形を前面におしだしたことが、「歌舞伎はなきがごとし」という時代を招来したのである。

「忠臣蔵」騒動と吉田文三郎

『仮名手本忠臣蔵』

騒動は寛延元年（一七四八）大坂竹本座《たけもとざ》で『仮名手本忠臣蔵《かなでほんちゅうしんぐら》』上演中におこった。『仮名手本忠臣蔵』といえば、赤穂浪士《あこうろうし》討入り事件を劇化した決定版で、太夫は此太夫、人形遣《づか》いは吉田文三郎、三味線は鶴沢友次郎を中心にした豪華メンバーだった。

八月十四日にはじまった興行も二ヵ月がたち、大当たりをとりながら十月に入ったある日のこと、人形遣いの文三郎が『仮名手本忠臣蔵』九段目「山科閑居《やましなかんきょ》」を語っている此太夫に「前々から言おう言おうと思っていながら、つい言いそびれていたけれど」ともったいぶった言い方でとんでもない申し入れをしてきた。大星由良助《おおぼしゆらのすけ》を遣っていた文三郎は、由良助が本蔵に向かって本心を明かし、師直邸《もろのお》に忍び入って、用心の雨戸をはずす工夫を実際にみせる場面――〽雨戸を外す我工夫仕様をここにて見せ申さんと庭に折りしも雪深くさしもに強き大竹も雪の重さにひいわりと……」のところの語り方をもう少し間を伸ばして欲しいというのだ。人形が庭へ降りて下駄をはき、竹やぶのそばまで行くまでを思入れたっぷりにみせたいという腹である。

しかし、言われた方の此太夫にしてみれば、おもしろくない。第一、人形浄瑠璃は浄瑠璃を語る太夫が一座の中心をなすものである。人形の都合でそれも、二ヵ月も経っていまさら節や間あいを変更することなどできるわけがない。「今となっては応じられない」「人形を無視した語りなどあるものか」と言い争いになり大喧嘩。言い分が通らなければ休座するといって互いに引かない。仲裁に入った座本の出雲《いずも》、二代目政太夫、三味線弾きの鶴沢友次郎らも困り果ててしまった。

騒動の顛末

結局、悩みになやんだ挙句、出雲の決断は文三郎の言い分をたてることだった。文三郎は竹本座の花形スターだし、この『仮名手本忠臣蔵』でも文三郎の遣う由良助の人形は神ワザと評判されるほどの人気である。それに出雲の頭には、此太夫をあきらめられないと思いながら、これにかわる太夫がひらめいていた。ライバルの豊竹座の大隈太夫（大和掾《やまとのじよう》）である。豊竹座は休演中だったので大隈太夫なら此太夫の代役としてうってつけだ。

なぜ出雲があえて太夫ではなく、人形遣いを優先したかといえば、それは手放すには惜しい文三郎の異常な人気とそれにともなう文三郎の竹本座内での力関係が作用したためだ。経営者の立場としての判断である。休場を余儀なくされた此太夫は仲間の島太夫、百合太夫、友太夫らを引き連れて退座。

一方、大隈太夫は竹本座との専属契約を条件に承諾し、千賀太夫、長門太夫、上総太夫とともに竹本座に加わり、竹本座は翌日も休演することなく、興行することができた。十一月まで続演したが、大隈太夫にしてみれば、自分の節付けしたものではない以上、此太夫ほどには語ることは当然できず、太夫の交代はしだいに勢いを失う結果をまねき、十一月半ばには別の出し物に差し替えとなってしまった。

これが「忠臣蔵」騒動の顚末である。結局この事件は文三郎の勝利で終わったが、太夫中心の人形浄瑠璃を、人形中心にさせるほどの力をもった文三郎であったから、人気と実力を背景にたびたび問題をおこし、座元をこまらせた。

文三郎は「歌舞伎はあってなきがごとし」といわれるほどの人形浄瑠璃時代をもたらし

たのは自分だと自負していたし、実際人形遣いとしてだけでなく、作者としても力を発揮した。作者名は吉田冠子《かんし》。合作者のひとりとして名を連ね、絶えず、人形遣い（人形を遣う自分）が活躍する場面を念頭に、大がかりな舞台道具を持ちこんで、派手な演出をこらした。創作態度はあくまでも人形遣いの立場だったのである。

文三郎の横暴

こうした文三郎の才気は野心にすりかわっていく。最初に反旗をひるがえしたのは「忠臣蔵」騒動の一七年前、享保十六年（一七三一）のことである。竹本座で一座していた大和太夫と作者の長谷川千四《せんし》とともに独立を企てたが、このときは、大和太夫の病死と父三郎兵衛の説得により、思いとどまった。その後、延享四年（一七四七）、父三郎兵衛と座元の元祖出雲が相次いで他界すると、竹本座の実権をにぎろうと、好き勝手に振る舞ったため、父のあとを継いだ新座元の二代目出雲（三大名作『義経千本桜《よしつねせんぼんざくら》』『菅原伝授手習鑑《すがわらでんじゅてならいかがみ》』『仮名手本忠臣蔵』の作者のひとりであり、父同様、経営者としても手腕を発揮した）は思いあまって文三郎を退座させた。

しかし、どうも文三郎が、一座を設立するらしいという企てを耳にし、出雲は仕方なく、頭を下げて、ふたたび竹本座に戻ってもらった。「忠臣蔵」騒動はこの翌年の出来事だったのである。この騒動が我が勝利に終わったことにますます増長した文三郎は、その後も二代目出雲をふりまわした。宝暦二年（一七五二）には、太夫たちの間で仲間割れがおこっているのに乗じて、文三郎は二代目出雲を悪者に仕立て上げると、仲間を募って独立しようとしたが、あわてた二代目出雲の説き伏せによっておさまっている。そしてその四年後の宝暦六年（一七五六）、二代目出雲が亡くなると、文三郎は新座元四代目竹田近江《おうみ》に「竹本座の興行の実権をよこせ」と迫った。近江はよほど、暇を出して追い出してしまおうかと思ったが、竹田家の当主として世間体を考え、高額の給金を支払うことでなんとかおさめた。宝暦八年（一七五八）文三郎は病気を理由に隠居を申し出で、今度は引退料をふっかけた。だが引退するというのはいつわりで、文三郎は一座のものをかたらって竹本座とは関係なく、自分の手腕で独立興行を企てたのである。

事件発覚に思いあまった近江はついに文三郎を追放。座中、残った人形遣いたちに対し、「吉田家の苗字《みようじ》を捨てて、精を出し、二心《ふたごころ》なくつとめよ」といった旨の書き付けを楽屋の入り口に貼り付け、毅然とした態度でことにあたった。

代々悩まされ続けてきた文三郎問題はこれでケリがついたわけだが、このとき近江は当主として世間にたいし、文三郎との長年の確執《かくしつ》を赤裸々に告白。『倒冠雑誌《とうかんざつし》』と題して発表している。世間で支持を得ている人気者文三郎にたいして、竹本座の取った処遇が決して理不尽でないことを知らしめるために必要だったからだ。翌宝暦十年（一七六〇）文三郎は死去した。

本来、世の中の道理をことばで説明していこうとする人形浄瑠璃にあって、みえるものを通して説明しようとし、写実に走り、人形を強調しすぎたため、バランスをくずした人形浄瑠璃は、しだいに勢いを失いはじめる。文三郎のなくなった一七六〇年以降、人形浄瑠璃界は混迷時代に突入していくのである。

ひるがえる振袖——女形舞踊の全盛

『京鹿子娘道成寺』

宝暦三年（一七五三）三月、江戸中村座で中村富十郎《とみじゅうろう》は『京鹿子《きょうがのこ》娘道成寺《むすめどうじょうじ》』を踊っていた。『道成寺』といえば、恋する女のあれこれを満載したはなやかな舞踊である。

「京鹿子」というのは京都土産の意。前の年（宝暦二〈一七五二〉）の八月、京都で江戸下りのための暇乞いとして踊った『百千鳥《ももちどり》娘道成寺』を江戸で初演するにあたり、しゃれて冠せたのである。京都での『百千鳥娘道成寺』は近年にない大当たり。十月十日千穐《せんしゅう》楽《らく》の予定であったが、富十郎の『道成寺』をみようと、朝六時には満員札止めという大入りのありさまだったため、五日間日延べしてから江戸へ出発。ぎりぎり十一月一日、吉例江戸中村座の顔見世に間に合わせるほどだった。

江戸でも『道成寺』人気はたいしたもので、江戸お目見えの翌年、三月三日初日で六月まで、およそ三ヵ月間のロング・ランを記録した。人気の秘密は背のすらりと高い美貌の富十郎が、ひるがえる振袖《ふりそで》に恋する女心を思い切り託してみせたからである。

恋に狂った女の情念のはげしさ、怨念の深さを描いた道成寺の伝説にもとづいた「道成寺もの」はすでに、元禄歌舞伎時代から、芝居のなかのひとこまとして舞踊化されていた。しかし、舞踊化といっても、所作事《しょさごと》といわれる演技パターンのひとつとして展開された。劇中でもっぱら、仕掛けや軽業の芸でみせる怨霊事《おんりょうごと》と結びついて、女の執念や怨霊を、煙や幽霊笛を効果的に用いて鏡の中から蛇体でとびでたり、水中へ飛び込んだりとアクロバットにみせるケレンが中心であった。とくに蛇体となってみせる軽業芸は人気がたかかった。

女形舞踊の隆盛

そうしたものを、飛んだり、はねたりでみせるのではなく、振りに意味をもたせて踊ってみせる舞踊劇として独立させ、完成させたのが、女形《おんながた》の初代瀬川菊之丞《せがわきくのじょう》（一六九三〜一七四九）である。

享保十六年（一七三一）三月、江戸中村座で上演された『傾城福引名護屋《けいせいふくびきなごや》』という芝居のなかで、菊之丞扮《ふん》する傾城葛城《かつらぎ》が、恋人名古屋山三郎のために、二〇〇両の金を調達しようとして、「現世で富がえられるものの、来世は無間地獄に落ちる」という無間の鐘伝説を信じて、遠江《とおとうみ》国（静岡県）の無間山観音寺、俗称中山寺にある鐘をつく。望みをとげてついに無間地獄へおちるという場面を『無間鐘新道成寺《むけんのかねしんどうじようじ》』として舞踊劇にしたてた。

無間地獄におちた傾城葛城が、亡霊となって小夜《さよ》の中山寺にあらわれる道行のあと、鐘をおがませてもらうために、舞を舞うところで、傾城葛城の娘時代をくだけた踊りでみせた。娘風俗をみせたくどきは見せ場のひとつだった。鐘入りのあと、後ジテはうつくしい傾城姿となってあらわれる。最後は無間地獄へ落ちた葛城の責めで幕となる。菊之丞は、鐘と女の恋心をキーワードに「道成寺」と「無間の鐘」の伝説を結びつけ、はなやかな傾城を主役に踊ってみせた。

菊之丞の『無間鐘新道成寺』をみていたのが、十六歳年下の中村富十郎である。このとき、初舞台をふんだばかりの十三歳の富十郎（この年の一月に江戸市村座で初舞台）は、いつか菊之丞を凌駕《りようが》するような道成寺を必ず踊ってみせるとひそかに思った。その思いをますます強くしたのは、九年後の元文五年（一七四〇）十二月、大坂の大西芝居で菊之丞と同座し、菊之丞の踊る『傾城今様道成寺』に、伴奏である地方として出演したときのこと。菊之丞扮する傾城が坊主を相手に踊る道行歌・鐘入り歌・祈り歌の三つの歌からなるその踊りは、音曲性に重きをおいたかろやかなものだった。富十郎は太鼓をたたきながら、あかるくリズミカルな曲調で、はなやかに踊る舞台上の菊之丞をまじまじとみつめていた。

中村富十郎　そして、菊之丞の創演した道成寺の舞踊劇を完成させたのが、中村富十郎の『京鹿子娘道成寺』である。

道成寺の鐘が再建され、鐘供養が行なわれるという日に、うつくしい振袖の娘風俗をした白拍子《しらびょうし》があらわれる。女人禁制のため、入門をことわられるが、舞を舞うということで許され、舞っているうちに鐘に飛び込む。僧の祈りで鐘が引きあげられると、蛇体となった後シテがあらわれるというのがそのストーリー。

菊之丞が鐘入りのドラマを中心に踊ってみせたのに対し、富十郎は、鐘入りにいたる前までの舞踊に力を注ぎ、はなやかな衣裳とうつくしいポーズの連続で、執念にみちた女心、それも等身大の女の恋として踊ってみせたのである。

現在の『京鹿子娘道成寺』は、

一、道行　二、乱拍子　三、中啓の舞　四、手踊り　五、鞠唄　六、花笠
七、くどき　八、山づくし　九、手踊り　十、鈴太鼓　十一、鐘入り

十二、祈り　十三、蛇体　十四、押戻しと全一四段からなる長編舞踊だが、富十郎初演（宝暦二年〈一七五二〉）のときは、五段目まではできあがっていた。『娘道成寺』は生涯一五回踊ったが、幾度かの上演をへて、現在の『京鹿子娘道成寺』の原型を完成させた。

長唄

菊之丞、富十郎らによって、享保の末から宝暦（一七三一～六三）にかけて女形の舞踊は大流行した。その人気をささえたものに長唄《ながうた》を伴奏にした三味線音楽がある。実際、富十郎の『京鹿子娘道成寺』が大流行しているとき、上方では子供たちまでが、この曲を口ずさんだという。江戸の劇場音楽は、一中節《いっちゅうぶし》、半太夫節《はんだゆうぶし》、河東節《かとうぶし》といった曲調に変化がなく、地味ではなやかさのないしんみりしたものだったから、あかるく、変化に富んだはなやかな曲調の三味線にあわせた長唄は、あっという間に江戸のひとたちの心をとらえた。

恋の手習い、つい見習いて、誰にみしょとて紅鉄漿《べにかね》つきょうぞ、みんな主《ぬし》への心中立《しんじゅだ》ておうれしおうれし

末はこうじゃにな、そうなるまではとんと言わずにすまそぞえと、誓紙《せいし》さえいつわりか、ウソかまことかどうにもならぬほど、逢いにきた

ふっつり悋気《りんき》せまいぞとたしなんでみても情けなや、女子にはなにがなる、殿御々々《とのごとのご》の気が知れぬ、悪性な悪性な気がしれぬ恨み恨みてかこち泣き、露を含みし桜花、触らば落ちん風情なり

藤本斗文《とぶん》作詞の『京鹿子娘道成寺』の「くどき」の部分である。恋のあれこれを歌った詞章《ししょう》を軽快な三味線にのせて浮き立つばかりの女の恋ごころをかろやかに踊ってみせたのだから、見物のウキウキした心持ちはいや増すばかり。踊りの伴奏といったら、長唄というのが定着し、劇場音楽としての役割をになうことになったのである。

幕末のアウトローたち

昼と夜／建前と本音

スペクタクルに舞台はうごく

『けいせい天羽衣』

宝暦三年（一七五三）十二月も押し詰まった二十八日に初日を迎かえた大西芝居は『けいせい天羽衣《あまのはごろも》』の大詰《おおづめ》茶屋場で、七人もの役者を乗せて、せり上げる大胆な演出が、連日大坂の見物をよろこばせていた。

『けいせい天羽衣』は次のような話である。将軍職争いに敗れた義親《よしちか》の遺児北川惣右衛門はやはり国家転覆をねらう赤松四郎と密約をかわし、時節をうかがう。足利の天下を守る忠臣細川勝元の知るところとなり、ふたりはとらえられる。お家の重宝天の羽衣紛失や、若殿の傾城狂いなども描かれた典型的なお家騒動物である。

その大詰の「廓場《くるわば》」、北川惣右衛門が屋根上へ追い詰められると、惣右衛門に恩のある与五郎夫婦は屋根に駆け上がり、惣右衛門なしでは生きる意味がないと諫《いさ》めながら自害して果てる。この三人が見得をしたままセリあがると、屋根下の座敷には見得をする赤松四郎、その謀反を阻止する細川勝元、奴関内、今は傾城浮島となっている行方不明の足利家の姫があらわれる。屋根上から流れてきた与五郎夫婦の血汐《ちしお》で口のきけなかった傾城浮島がしゃべれるようになるというふたつの場面をセリ上げの演出でいっぺんにみせた（図12）。

図12　スペクタクルにみせる『けいせい天の羽衣』（絵尽し〈ロ18-23-10G〉，早稲田大学演劇博物館蔵）

並木正三の功績

謀反《むほん》の企てをテーマに大詰のクライマックスを大仕掛けなセリ上げの演出ではなやかにみせたのは二十三歳の作者並木正三《なみきしょうざ》である。子供のころから、人形芝居のからくりの仕掛けを工夫するような環境にいたが、作者をこころざし、二十一歳のとき、浄瑠璃作者並木宗輔《そうすけ》の門人となる。しかし、一年たらずで師匠がなくなると、あっさり歌舞伎作者に転向。人形浄瑠璃で学んだ雄大な構想や演出、舞台機構（からくり）をいかし、劇的な舞台を念頭に作品を提供、四十三歳でなくなるまでの二〇年間に約一〇〇編ちかくの歌舞伎脚本を書いた人である。

セリ上げは正三よりも以前にすでにあった。実は一〇年前、師匠並木宗輔が歌舞伎作者時代に書いた『大門口鎧襲《おおもんぐちよろいがさね》』で沢村宗十郎《さわむらそうじゅうろう》扮する油屋正九郎を乗せたまま二階座敷をセリ上げ、当たりをとった演出だった。正三のセリ上げが騒がれたのは、七人もの役者を乗せて三間の本舞台上の屋根と下座敷の二重舞台を同時にせり上げる大規模な舞台装置が画期的なものだったからである。揚屋《あげや》の道具を引くと、奥から板ぶきの大屋根を前に突き出し、屋根の上で立廻りをみせ、七人もの役者をいっぺんに持ち上げてみせるという大掛かりなセリ上げに見物は大喜びだった。

しかし、正三はこのくらいでは満足しなかった。それから五年後の宝暦八年（一七五八）、大坂角の芝居で上演した『三十石艠始《さんじつこくよふねのはじまり》』でついに大道具を飾った舞台を回してしまう。舞台全体を回すというのは表と裏と別々の大道具を飾ることができるということで、今日みるような場面転換の時間短縮をねらったものではない。

つまり、同じ時間にふたつの場所でおこっている事件を、舞台を交互に回してみせるという演出である。映画でいうところのカットバックという手法だ。正三は『三十石艠始』の大詰をこんな風にみせた。座敷の道具と三十石船がならぶ川表の道具を、それぞれ表と裏に飾り、川浦遊軒《かわうらゆうけん》を討つ屋敷の様子と、三十石船が浮かぶ淀川で隈本弁之作《くまもとべんのさく》を討つ場面とをクルクルまわしながら、城の内と外とで起こっている様子を交互にみせるという演出で敵討ちの見せ場を盛り上げた。

スケールの大きいドラマ

カラクリ好きの正三であったが、ただ上げたり、下げたり、回したりして見物をおどろかしていたわけではない。舞台機構だけでなく、ドラマのスケールもすごかった。正三は初代三桝大五郎《みますだいごろう》、中山文七、初代中村歌右衛門《うたえもん》たちとコンビを組んで悪人を主役にした芝居を書いたが、とりわけ初代中村歌右衛門を主役にした芝居は、大当たりをとった。

歌右衛門のおおきな目、たかい鼻、すぐれた容姿は、正三の思い描く豪快でエネルギッシュな悪の華《はな》にピッタリはまった。ふたりがコンビを組んだ作品のなかで最高といえるのが、明和七年（一七七〇）十二月、大坂で上演された『桑名屋徳蔵入船物語《くわなやとくぞういりふねものがたり》』である。初代中村歌右衛門が、謀反人五郎時行と船頭の双子の二役で活躍する五幕からなる芝居で、船乗り桑名屋徳蔵が海上で大入道と問答して退散させたという話を材料に、讃岐高丸家のお家騒動物《いえそうどうもの》に仕組んだものだ。

お家騒動物だから、善悪の対立があるのだが、味方が敵であったり、敵が味方であったりと裏の裏をいくという構想にして、どちらが悪でどちらが善か見分けのつかないみせ方で、「悪」を喜劇的に描き出しているところがたまらない。

たとえばこんな具合だ。お家騒動には若殿の放蕩《ほうとう》がつきものだが、金も力もなく途方にくれるなさけないお殿様を登場させたりはしない。吉原の傾城檜垣《ひがき》に迷う高丸家の若殿亀次郎は檜垣を身請《みう》けしたさに、恋敵《こいがたき》山名巴之丞をおとしいれ、身請け金をはらわせる。檜垣は体が自由になったとたん、本性をあらわし、亀次郎の元へ走る。亀次郎と檜垣の仕組んだ策略と思いきや、この一計を案じたのは、苦衷する高丸家の家老一角を見かねた目付帯刀《たてわき》が仕組んだ張本人だったという悪辣《あくらつ》さだ。

高丸家は善の側でありながらそんなことはおかまいなし。「だまされた山名巴之丞がわるいのさ」といった「悪」のかけひきのおもしろさをみせるところに眼目があるからだ。

ショー仕立ての歌舞伎

お家の大事を思った家老一角は、亀次郎のためにならないと判断し、檜垣を船頭の徳蔵に命じて海に沈めさせるが、これを若殿亀次郎に知らせる「遠州灘の場」は豪快だ。深川の揚屋とみえた場面が一転遠州灘を走っている船中となり、引き道具を使って遠州灘を走る船の舳先《へさき》があらわれると、その舳先には檜垣を海中に沈めた船頭徳蔵が櫓柄《ろつか》をとり、磁石をみながらキセルをくわえて立っている。とそこに、徳蔵が沈めた檜垣の幽霊がセリ上げで出てきて恨《うら》みを述べるが、「そなたに意《い》趣遺恨《しゆいこん》があるわけではない。家老一角に頼まれて殺しただけのことで、腹もたとうが了《りよう》見《けん》しろ」だの、「大入道があらわれたって怖くないのだから、美しい幽霊なんてのぞむところ。よかったらついておいで」など切り返す。あきれた檜垣の幽霊は、徳蔵に世の中で一番こわいものはなにかと質問すると、「世渡りほどおそろしいものはない」と非常に現実的なことをいって滑稽《こつけい》なやり取りをしたりする。

檜垣殺しという悪などは吹っ飛んでしまい、挙句はこの幽霊まで味方につけてしまうのである。この徳蔵、実は天下掌握をもくろんでいる相模五郎時行と双子ということになっていて、敵味方にわかれた双子が、四幕目では五郎時行が偽の徳蔵になって若殿亀次郎をねらい、五幕目では徳蔵が偽五郎時行になりすまし、謀反の悪計をあばこうとする。

どれが本物で、なにが偽者か、みわけがつかない「悪」を喜劇的に描く正三ワールドは、スペクタクルな演出で視覚を刺激しながら劇的なドラマもみせるという新しい歌舞伎の形を生み出した。ショー仕立ての歌舞伎は見物をよろこばせたのである。

隆盛の人形浄瑠璃に対抗するため、物語性、舞台機構など人形浄瑠璃の様式を消化しつくすことによって、新しい形の歌舞伎をよみがえらせたのである。

仲蔵と定九郎

仲蔵の定九郎

明和三年（一七六六）九月、江戸中村座は『仮名手本忠臣蔵《かなでほんちゅうしんぐら》』で盛り上がっていた。初代中村仲蔵《なかぞう》という当時無名の下っ端役者が「五段目」に定九郎《さだくろう》を演じていたからである。この定九郎という役、もともとは、山崎街道《やまざきかいどう》で与市兵衛《よいちべえ》の金をうばったものの、いのししと間違えられて鉄砲で撃たれて死んでいくという、これといって仕どころのないものだった。衣裳は山賊《さんぞく》まがいのどてらだし、頭もボウボウにのびた百日鬘《ひゃくにちかずら》で実にあかぬけない。それを、仲蔵は山賊姿を浪人ものへと、イメージをガラリとかえてみせた。この工夫が大成功して定九郎の役は一気に格をあげ、役者仲蔵は大注目された。以後、下級役者としては異例の出世をとげることになるのである。

さて定九郎の役を仲蔵が工夫するにあたっては、落語のネタにもなるほどのちょっとしたエピソードが伝わっている。

役者魂

全一一段ある『仮名手本忠臣蔵』のなかで、「五段目」といえば、「六段目」のための筋ウリみたいな役割。勘平《かんぺい》がいのししと間違えて人を撃ちころし、あだ討ち参加のための軍資金を手にいれるという筋である。鉄砲で撃ちころされるのが定九郎だから、ストーリー上は勘平が主役だ。まさに、「六段目」で、早野勘平が切腹しなくてはならない状況をつくりだすために用意された場面なのである。

おまけに、朝から芝居がはじまって「五段目」は弁当幕といわれるお昼どきの上演だから、見物は食事に夢中で舞台などそっちのけである。

なんとか見物の目を舞台、いや自分にむかせてやろうと願掛けまでして工夫を案じる毎日。雨宿りをしながら蕎麦《そば》をたべていた仲蔵は、店にはいってきた浪人者に「ピン」ときた。浪人は黒紋付を尻はしょりし、破れ傘をさしていた。その姿は定九郎役のイメージとだぶった。——定九郎のイメージからいってもぴったりだ——定九郎はもとは塩冶《えんや》家の家老の息子。それがお家断絶とともに、女や酒に身をもちくずし、浪人の身となったのである。そこで、仲蔵はいままでの定九郎の鬘《かつら》や衣裳をがらりとかえた。鬘は五分月代《さかやき》（月代の部分が五分ぐらい伸びたもの）、衣裳はかつて主君から拝領したというつもりで古びた黒羽二重《はぶたえ》の単衣《ひとえ》の小袖《こそで》。これを襦袢《じゆばん》なしでいきなり素肌に着て帯をしめる。刀の鞘《さや》はあざやかな朱色。尻をからげて草履《ぞうり》を帯にはさみ、水をあびて雨にぬれたようにみせ、破れ傘をもって花道から出た。——おなじみ落語の「中村仲蔵」である。

本来、あかちゃけた砥粉《とのこ》色であるワルの定九郎が、善人のあかしである白塗りであらわれたことも見物をおどろかせた。色男だがワルという「色悪《いろあく》」の定九郎の誕生である。

仲蔵の感性

端役《はやく》である登場人物を、視覚的にすっかり主役に仕立て上げるという歌舞伎の方法であるが、仲蔵は、定九郎という人物の素性をあらいだし、役柄を造形している。あくまでも、脚本を重視しながら、定九郎という人物をつくりあげていった。

この演出が成功したポイントは、定九郎という役を浪人者の姿にしたてたことであるが、当時の見物は「色悪」の定九郎のみをよろこんだのではない。時代物の山賊スタイルから同時代の空気を呼吸する人間にすりかえたところに定九郎の魅力は発揮された。というのも、明和から天明期（一七六四〜八八）の江戸において、身分制度でもっとも高い「士」の階級をほこる武士の転落が社会現象としてあらわれていた。それをいちはやく舞台化し

図13　初代中村仲蔵の定九郎
(勝川春章画，東京国立博物館蔵)

たわけで、仲蔵の役者としての感性が光るところでもある。ともかく、当時の見物にとってはインパクトが強かったのである。春章《しゅんしょ》の描いた扇面画（図13）は、初代仲蔵がリアルな定九郎を演じていたことを教えてくれる絵である。

こうやってなんとか見物の目をこちらに向かせてやろうとする、目立とう精神ではじめた役作りは、新しい定九郎を造形し大成功した。このとき仲蔵は三十二歳。下っ端役者から一座の全役者を束ねる座《ざ》頭《がしら》にまで出世し、歌舞伎史上にその名をとどめることになる。

支配された役者の演技

歌舞伎が役者による自己主張を基本精神とすることにかわりはなかったが、浄瑠璃の歌舞伎化によって、役者の演技は台本に支配されるようになった。それまで、うごきもせりふも脚本とは関係なく、本能的に演技していた役者たちは、台本の詞章（文章）を解釈し、それを演技表現してみせるようになったのである。

人形浄瑠璃の影響により、歌舞伎は荒唐《こうとう》さを失ったが、合理性、写実性を付け加えることによって、義太夫狂言を誕生させたのである。

さて、初代仲蔵の定九郎、この扮装は二〇〇年まえからずっと受けつがれているが、現行、定九郎は花道から出る演じ方をしない。

現在の「五段目　山崎街道二つ玉の場」を再現してみよう。

舞台正面に掛け稲。勘平のために娘を売ってつくった五〇両を手に、家へ帰る途中の与市兵衛。「雨もちっと小降りになった。どりゃ、ひと休みしていこうか」と掛け稲の前で休んだのが、運のつき。五〇両の入った縞《しま》の財布を押し頂いていると、掛け稲のなかから、白い手がヌッと出て、財布を盗みとる。正体は定九郎。掛け稲のなかから水もしたたるいい男ぶりであらわれ、与市兵衛を斬り殺すと死骸を谷底へ蹴落とす。取りあげた縞の財布を口にくわえ、刀の血をぬぐう。時の鐘がゴーン。間髪をいれず、「チチチチチ……」の忍び三重《さんじゆう》という三味線の手。この張りつめた音は最高に場面をひきたてる。財布に手を突っ込んで、たったひとこと「五〇両」とつぶやく。

型の変遷

掛け稲から定九郎が登場するという演出は、四代目団蔵をへて、七代目団十郎、九代目団十郎によって成立した型である。

天明元年（一七八一）三月のこと、江戸森田座は、四代目団蔵をのぞいては、これといった役者がいない無人芝居。そこで、団蔵はこれを出せば当たるといわれている『仮名手本忠臣蔵』をひとりで、何役も演じるということを思いつく。このとき、団蔵は由良助《ゆらのすけ》・塩谷判官《えんやはんがん》・定九郎・与市兵衛・戸無瀬《となせ》・天川屋《あまかわや》義平・大鷲《おおわし》源吾の七役を早替りでみせることをウリに芝居をあけたのである。

さて「五段目」、定九郎と与市兵衛をひとり二役で演じるには、花道からの登場は無理である。そこで、考えられたのが、掛け稲の前で休む与市兵衛と掛け稲のなかから出てくる定九郎をひとり二役で演じる演出であった。はじめ、与市兵衛に扮して、花道から登場し、掛け稲のなかで定九郎に早替りするのである。

現行にもっとも近い形をみせたのが、七代目団十郎である。七代目は団蔵の掛け稲から定九郎が登場するという出方に注目した。二役早替りではなく、単独で定九郎に扮し、掛け稲のなかから、白い手をヌッと出して、水もしたたるいい男ぶりであらわれるという演出をみせた。

最後にたったひとこと「五〇両」と、無口の定九郎にみせたのが、九代目団十郎である。

様式化

　こうして、こんにちみられる「五段目」の定九郎が誕生したわけであるが、初代仲蔵の当時とくらべると、現在舞台でみる「五段目」の定九郎はかなり様式化されている。

図14（十二代目市川団十郎）と図15（初代中村仲蔵）は、いずれも、奪いとった縞の財布を口にくわえ、刀の血をぬぐうという場面をきりとったもの。ここは舞台で役者がきめると大向こうから声がかかる場面である。

図14の定九郎は、刀の血をスッとぬぐうところで、時の鐘がゴーン。間髪をいれず、「チチチチ……」の忍び三重という三味線の音が場面をひきたてるおなじみの型である。

　このふたつは、一見すると同じであるが、よくみると、かなり違うことがわかる。もっとも大きな違いは、初代仲蔵がリアルな定九郎を演じていたということ。仲蔵は血刀をぬぐうとき、重心を左足にかけている。これは刀についている血を着物の裾《すそ》で何度もなんどもゴシゴシとぬぐっているからである。この仲蔵の浮世絵から、「チチチチ……」の忍び三重は聞こえてこない。おそらく、どんどんドンドンと太鼓で表現する「風音」で不気味な雰囲気をあらわしていたと予想される。

　人形浄瑠璃の影響で、役者の演技は台本に支配されたが、こんにちみる図14のような型

図15　初代仲蔵の定九郎
（勝川春章画，シカゴ美術館蔵）

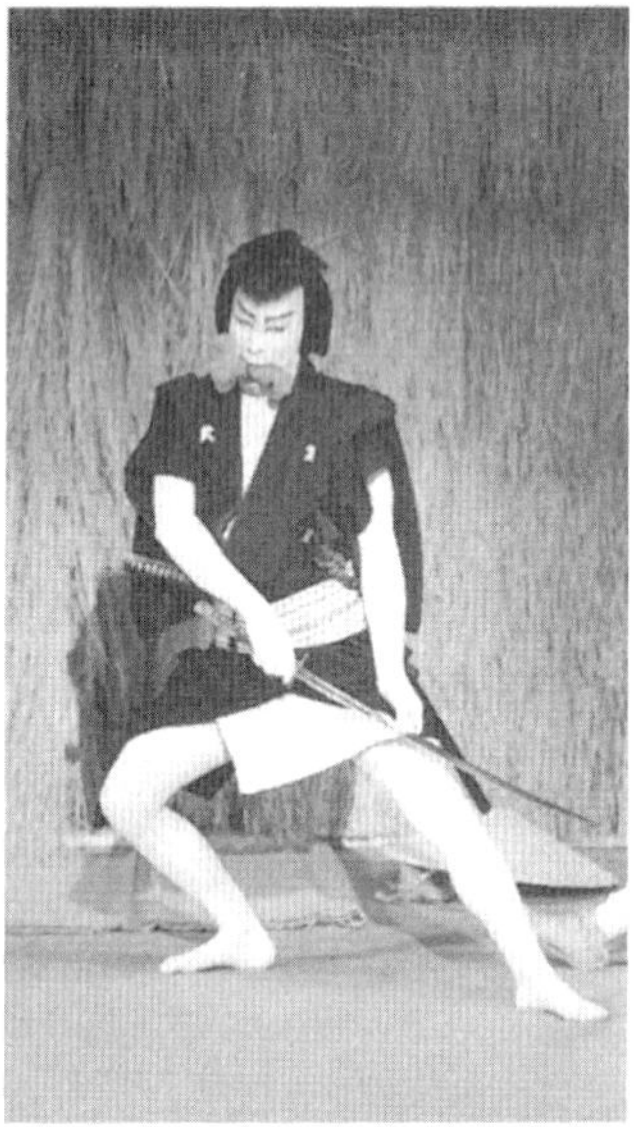

図14　十二代目団十郎の定九郎
（協力，松竹株式会社）

ができあがっていく過程で、音楽性を加え、いかに美しくみせるかという方向へ向かっていった。それは、人形浄瑠璃の影響で、動きがリズムにのり、型にはまった役者の身体を生かすための必然的な方向だったのである。

最後の浄瑠璃作者

人形浄瑠璃の隆盛期に活躍していた浄瑠璃作者の竹田出雲《たけだいずも》や並木宗輔《なみきそうすけ》、人形遣《つか》いの吉田文三郎、太夫《たゆう》の豊竹筑前少掾《とよたけちくぜんのしょうじょう》や竹本大和掾《やまとのじょう》といった人たちが、相次いで亡くなり、おまけに、竹本座や豊竹座が退転すると人形浄瑠璃は一気に力を失っていった。

近松半二

衰退に向かっていた時代に、活躍した浄瑠璃作者が近松半二《ちかまつはんじ》（図16）である。

当時の浄瑠璃界を知ることのできるこんなエピソードがある。

浄瑠璃作者の福松藤助が、新作『京物語』を本読み（関係者の前で読んできかせる）したとき、「これは名作だ」とだれもがうなずき、上演することに半ば決定したというのに、取りやめになった。

　駒太江府へまかるに付き、竹本座の染太申すよう福松氏の顔見世に太夫なくてはいかがなり、作の善悪構いなく繁昌せぬもあることとなり（『浪華日記行』）

というのがその理由だった。

「駒太」というのは「語り出しははなやかな江戸紫」と評判された二代目豊竹駒太夫のこと。つまり、どんな名作でも名人の太夫が語らなければ、名作とは評価されず、観客はよろこばないからというのである。

図16　近松半二（〈F70-00545〉，早稲田大学演劇博物館蔵）

半二自身、「名作を書く気がしないのは、語る太夫に名人がいないからだ。今時よっぽどしろうとの方がうまいくらいだ」となげきながらも、「太夫や三味線などにたよらず、文章のみで、見物が沸くように浄瑠璃界を再興することが願いだ」と浄瑠璃作者の意地をみせている（『独判断』）。

　半二は宝暦のはじめ（一七五一）から亡くなる天明三年（一七八三）まで、三二年間、ヒット作を書きつづけた。半二の三大名作といわれる『本朝廿《ほんちょうにじゅう》四孝《しこう》』、『妹背山婦女庭訓《いもせやまおんなていきん》』、『近江源氏先陣館《おうみげんじせんじんやかた》』をはじめ、『新版歌祭文《しんぱんうたざいもん》』、『伊賀越道中《いがごえどうちゅう》双六《すごろく》』など、今日でも上演頻度の高い作品ばかりである。

誠に世界は浮きものにて、どうした操《からく》りで日輪というものが出たり引こんだりする事やら、何で星が沢山にある事やらひとつも訳のたった事はないもの。ここを思えば鬼神はもちろん化けものも天狗も有るまいとはいわれず、荘子が、蝶の夢をみたのか、蝶が荘子の夢をみているのか紛《まぎ》らわしういえばいわれるはずなり。ここのところは所詮人間の知恵では知れぬ事。

これは半二の随筆『独判断』にしるされた一文である。「荘子が、蝶の夢をみたのか、蝶が荘子の夢をみているのか」を例に、見方によってものごとはどのようにでも解釈できるということを指摘し、その判断は人間がくだせるようなものではないということをいっている。半二の劇作における基本姿勢を知ることができる。

二元対立の作劇法

ものごとを相対的にとらえようとする半二の作品は、ことばを駆使しながら、視覚性を重視し、二元対立の原理につらぬかれた作劇法を特色とした。たとえば、『妹背山婦女庭訓』。

天智《てんじ》天皇に謀反をおこした大悪人蘇我入鹿《そがのいるか》は悪のかぎりをつくすが、藤原鎌足《かまたり》らによって、阻止されるという全五段からなる壮大な誅伐物語《ちゅうばつ》である。とくに、「山の段」といわれる三段目はすべてにおいて、対位法という二元対立のもとにつくられている。その部分を中心にストーリーを紹介してみよう。

まず、舞台。満開の桜が咲き乱れる吉野川をはさんで、上手に背山《せやま》の清澄下館、下手に太宰仮座敷を配置した左右対称の空間で展開される。背山の大判事清澄の息子久我之助と、妹山《いもやま》の太宰の後室定高の娘雛鳥《ひなどり》は親同士が不和の間柄でありながら、恋仲である。川をへだて、顔をみながら添うことができない辛さをかきくどく雛鳥とそれをなだめる久我之助のもとに、それぞれの親が戻ってくるという運び。背山が男の世界であるのに対し、妹山が女の世界であるという構図である。

雛鳥の母親定高は入鹿に娘を入内《じゅだい》させろという難題を、久我之助の父親清澄は入鹿にそむいた息子を差し出せという難題をかかえて我が子のもとへむかう。人物の配しかただけではなく、筋の展開も左右対称である。

結局、母親は娘の操をたてさせるために、父親は息子の義心を貫かせるために、ふたりを殺す。これが、両家で同時におこっているという展開を舞台上でみせながら、両家は和解するというもの。

ことばを使いながら視覚的にみせた

半二の作品が歌舞伎に近づいたといわれるのは、ことばをつかいながら、視覚的にみせたからである。男女両原理のキーワードで説明するならば、男性原理の言語が女性原理に届く力を持ったということである。

胡椒《こしょう》丸呑みに信心して福徳を祈るは愚人なり。高は知れぬというより外のことなし。

釈迦どのもやっぱり同じ人間にて世界の事をどう思案してみても知れぬゆえ知れぬというては仕まりがつかぬゆえ、しょうことなしに人間の外に仏というものをこしらえ四土の三界のあるいは須弥の四州などとさまざまの広大なることを説いておかれる。

さめた目。つきはなして眺める目。半二は現実主義なのである。目にみえるものだけを信じ、根拠のないものは信じないというわりきりかたが、半二の作劇法を支配しているといえる。

ことばを使いながら、ことばの論理で割り切ろうとしなかった近松門左衛門の方法を、歌舞伎作者南北に譲り渡したのが、半二であった。

ちなみに近松半二のペンネームは門左衛門にあやかってつけられたものである。半二の父が竹本座の文芸顧問として門左衛門と親交があったことによる。半二の父は穂積以貫《ほづみいかん》という古義学をおさめた儒学者で、近松の芸論を冒頭にすえた『難波土産《なにわみやげ》』の著者（三木貞成説もある）でもある。

以貫と近松は三十九歳も年の差があり、半二が生まれる一年前に近松は他界している（享保九年〈一七二四〉、七十一歳で没）。半二はおそらく父から折に触れて近松の話を聞いていたにちがいない。以貫は「浄瑠璃作者は古今に近松ただひとりである」といったようなことを平気でいってのけるほどの敬愛ぶりである。半二は近松愛用のすずりをもっていたというから、父以貫が近松から譲り受けたものであろう。竹田出雲の門下でありながら、近松の姓を名乗ったのもなるほどと思う。半二にとって近松はあこがれの作家だったにちがいない。

鶴屋南北と『四谷怪談』

夜の世界

文政八年（一八二五）年七月、江戸の中村座は『東海道四谷怪談《とうかいどうよつやかいだん》』で沸いていた。結局、七月二十七日初日で九月十五日まで、四八日間もの長期興行となり、大当たりをとった。

なんといっても目をみはったのが、上演方法である。『仮名手本忠臣蔵《かなでほんちゅうしんぐら》』と『東海道四谷怪談』とを抱き合わせで交互にみせ、二日間劇場に通うと完結するという上演スタイルは見物たちをおもしろがらせた。こんな具合である。

一日目　『忠臣蔵』大序から六段目
　　　　『四谷怪談』序幕から三幕目隠亡堀《おんぼうぼり》

二日目　『四谷怪談』三幕目隠亡堀
　　　　『忠臣蔵』七段目から十段目
　　　　『四谷怪談』四幕目・五幕目
　　　　『忠臣蔵』十一段目

『仮名手本忠臣蔵』を名作とたたえていた鶴屋南北《つるやなんぼく》は、忠義な家臣の物語のネガ版として『東海道四谷怪談』を発想した。お家断絶で浪人となり、世間をあざむいて主君の敵を討った赤穂浪士を描いた『忠臣蔵』を背景にして、仇討ちに参加しなかった男のみじめな崩壊と転落を描いたのが、『四谷怪談』である。『忠臣蔵』が正義やモラルを描いた「昼」の世界であるとすれば、『四谷怪談』は正義もモラルもあっさりと踏みにじられていく「夜」の世界を描いた芝居ということになる。

鶴屋南北

鶴屋南北(図17)は遅咲きの作者である。二十歳で作者見習になって、立作者《たてさくしゃ》(ドラマつくりの責任者)になって活躍するのが四十九歳のときである。以後、七十五歳で亡くなるまでの二五年間に一二〇編あまりの作品を書いた。『東海道四谷怪談』は南北の代表的な作品である。

南北は生涯をお笑いに徹して人生を送った人である。

図17　鶴屋南北
(『於染久松色読販』所載)

略儀ながら、狭いことでございますが、棺おけのなかより頭をうなだれ、手足を縮め、お礼を申し上げます。まずはわたくし生前中、ずっとごひいきくださいましたこと、いまや飛び去ってしまいました心魂に徹して、どれほどありがたいことかと冷や汗をかくおもいでございます……

これは、自分の葬式のために南北みずから書いた台本の書き出しである。題して『寂光《しでの》門松《かどまつ》後万歳《ごまんざい》』。遺言どおり、葬式には、この『寂光門松後万歳』に団子ひと包みをそえて会葬御礼としたという。

本人が道化じみた滑稽《こっけい》で一生をつらぬきとおしたことは、最後まで、人を食ったような念のいったエピソードを残していることからも容易に想像がつく。当然、ユーモアは作品にそのまま反映されたが、その笑いが意外性や皮肉というだけだったら、たいしたことはない。

笑いの手法

南北の劇作家としてのうまさは、笑いといっても「悪意にみちた笑い」をキーワードに作劇していくところに値打ちがある。たとえば、お岩を追い出し新婚初夜に新床につく伊右衛門《いえもん》。新妻お梅にはお岩の亡霊がとりつき、迷った伊右衛門はあやまってお梅の首をおとしてしまう。伊右衛門を恨めしげにキッとみつめながら、お岩は、けらけら笑うのである。ブラックユーモアといわれる笑いである。

悪のかぎりをつくした伊右衛門が、亡霊になったお岩に苦しめられるという構図もそのひとつである。

舅《しゅうと》の四谷左門まで殺して、お岩と復縁したというのに、子供を産んで健康のすぐれないお岩を邪険にする伊右衛門。「このなけなしのその中でがきまで産むとは気のきかねえ。これだから素人を女房に持つと亭主のなんぎだ」と冷たく言いはなつ。敵側伊藤喜兵衛の孫娘お梅にほれられ、出世にのぞみをいだくと、あっさりお岩をうらぎる。お梅との婚礼のための支度金をつくるために、お岩の着ている着物をはぎ、蚊帳《かや》をはずして持っていこうとする場面は、伊右衛門の冷酷さがきわまる。それはこんな場面だ。

お　岩　アアモシ、この蚊帳がないとナ、あの子が夜ひどい蚊にせめられて

ト　蚊帳に取りつく

伊右衛門　蚊が食はば、親の役だ。追うてやれ。サ、はなせはなせ、エエはなしやがれはなしやがれ

ト　手荒く引ったくる。お岩これに引かれ、たじたじとして、蚊帳をはなすと指の爪、蚊帳に残り、手先は血になり、どうと倒れる。

お岩をこれほどいじめぬいた伊右衛門が、今度は悶死《もんし》したお岩の幽霊に苦しめられ、追いつめられていく。気もくるわんばかりの哀れな姿で、仏教など無縁のはずの男が数珠《じゅず》にとりつき、「さあ、念仏、念仏」といいながら、「南無阿弥陀仏」ととなえる。

挙句は、「これ、亡者ながらもよく聞けよ。喜兵衛が娘を嫁に取ったも、高野の家へ入り込む心。義士のめんめん手引きしようと、不義士と見せても心は忠義」と、お岩の幽霊にこんないいわけまでしてみせる。忠義とは程遠い男が突然「忠義」を口にしながら、伊右衛門にしかみえない「幽霊」にいいわけをする。笑えるけれど、ゾッとするような黒い笑いがそこにはある。

南北のメッセージ

そうした笑いの手法を通して、被害者だったお岩が加害者にてんじる過程を舞台上で視覚化してみせていく説得力はみごとなものだ。

それはたとえば髪梳《かみす》きの場面である。現在上演される舞台を再現してみよう。

あわれだったお岩は毒薬によって顔がみにくく崩れたあたりから、しだいに意志的になっていく。

自分の命がそう長くはないと悟ったお岩は伊右衛門に「死ぬる命は惜しまねど、産まれたあの子が不憫《ふびん》と思うて、わたしゃ迷うでござんしよう。モシ、こちの人、おまえわたしが死んだなら、よもや当分」後妻を持たないでしょうねと、詰めよる。「持つてみせるわ」ときっぱりいわれたものだから、お岩は「コレ、伊右衛門殿、常からおまへは情けを知らぬ、邪険な生れ。そういうお方を合点して、添うているのも」父《とと》さんの敵をうってもらいたいからなのだと、抵抗する。受身一方で、今まで口答えなどけっしてしなかったお岩の、逆襲ははじまった。そして髪梳き。

お岩は鉄漿《かね》をつけはじめる。独吟〽磨いてみるや、瑠璃《るり》のつや」と唄がいっぱいにきれたところで、お岩「母の形見のこのさし櫛、私が死んだらどうぞ妹に。……せめて櫛の歯を通し、もつれた髪をそうじや、そうじや」といって鏡立をひきよせる。やっとのことで元結《もつとい》を切ると髪はさばけてすごみを増す。お岩が髪を梳くにしたがい、髪の毛はだんだん抜けていく。〽花が花なら物は思はじ」の唄の切れで、前へたらして梳き上げた髪を後ろへ、あおり、顔をあげる。額《ひたい》ぎわは深く抜けあがり、恐ろしい面体《めんてい》のお岩があらわれる。

あわれさはどこにもない。そこには、被害者からすっかり加害者と化したお岩の「悪」の顔がある。

弱者が善であるといった従来の価値観をすっかりひっくり返してみせてしまう。

正義やモラルを描いた『忠臣蔵』とだきあわせで『四谷怪談』を上演したのも、実は正義が世の中の秩序を保つのではなく、人間の本能や欲望がこの世をうごかしているのだというメッセージをこめるためだったのである。正義や善など無力なもの、人間は正義のためではなく、自分の本能に従って行動するのだということをはっきり言ってのけた。それも、「笑い」の手法を使って、深刻な場面も笑いとばすといった具合に。

生世話

南北の時代になると、すでに江戸語が成立し、南北の作品が生世話《きぜわ》（江戸ことばをつかって江戸の風俗や人情を描いたことで、これまで上方生まれの登場人物が活躍する世話物と区別されたのである）といわれる（諏訪春雄『近世戯曲史序説』所収「第四章　第一節　鶴屋南北」）ように、南北は江戸の俗語や口語を使って脚本を書いている。それで、南北の脚本はことばの演劇といわれる。たしかに、ことばは過剰だが、語り物のように、ことばの形式で思想や教訓を説いているのではない。「笑い」という感覚的な手法でみせる方法がしめすように、役者の肉体の動きを通してつたえたところに、南北の本領があったのである。

論理をつたえることばをつかいながら、意味をつたえる道具としてだけではなく、それ以上のもの——人間世界の混沌としたもの——をつたえようとした点、鶴屋南北は浄瑠璃作者の近松門左衛門と共通している。近松と南北の違いは、近松のことばが、人間の理想や彼岸といったプラスの方向に働くのにたいし、南北のことばは、暗黒、やみの世界にたどりつく。ことばの剰余価値がめざした方向はまったく逆の方向であった。

「歌舞伎十八番」と七代目団十郎

流行おくれ

江戸歌舞伎界のリーダー的存在として、常に代々その名をとどろかせてきた市川団十郎《だんじゅうろう》。七代目は五代目の孫として生まれ、六歳で、初代団十郎以来得意とした『暫《しばらく》』を演じ、十歳で、七代目を襲名した。十六歳のとき、後ろ盾の五代目団十郎が亡くなったが、江戸のひいきは団十郎を盛り立てたし、当時売れっ子作者の鶴屋南北《つるやなんぼく》は七代目のために、作品を提供したこともあって、団十郎は着実にスター街道を歩んでいった。なんと、二十五歳のときには大立物の五代目幸四郎《こうしろう》や三代目三津五郎《みつごろう》とならんで千両をとる役者になっていた。

その七代目は鶴屋南北によって確立された「生世話《きぜわ》」といわれる作品群で力量を発揮し

た。「生世話」とは、時代物と世話物を混交してたくみに組み合わせ、江戸のことばを駆使して、江戸下層庶民の風俗を舞台化した作品である。時代の要求にこたえて、舞台転換や演出の早いテンポ、早口でいってのけるせりふのやりとりなど、スピーディな舞台運びは観客をとりこにした。

芝居だけでなく、舞踊もテンポの早い、しかも意外性のあるスピーディな変化舞踊《へんげぶよう》が流行した。ひとりの役者が三、五、七、九役といった具合に、何役もの役柄を踊ってみせるのである。

テンポや刺激をもとめる文化文政期の歌舞伎のなかで、地位を確立した七代目であったが、実は強い危機感をつのらせていた。というのは、スピーディがもてはやされるなか、市川家が代々受け継いできた荒事《あらごと》はすでに、流行おくれとなり、非現実的で、荒唐無稽《こうとうむけい》な演技として、観客にうけいれられなくなっていた。派手な衣裳、隈取《くまどり》、豪快なうごきは様式的だし、悠長なつらねも退屈、口語でのせりふのやりとりの方が現実味があってよほどおもしろかったのである。

権威失墜の回復

そんななか、七代目は団十郎の名跡《みょうせき》を息子に譲り、「歌舞伎十八番」を制定するという華々しい行動にでる。名門市川家の伝統の確認というのは建前で、本音は市川家の権威失墜《けんいしっつい》の回復を願ってもくろんだ苦肉の策であった。

市川家伝統の荒事芸の再整理という建前をうたいながらも、権威失墜への必死の方策という本音でうごいたのが、「歌舞伎十八番」の制定であった。天保三年（一八三二）、団十郎四十二歳のときである。

まず、十歳の息子に八代目団十郎を襲名《しゅうめい》させ、自分は海老蔵《えびぞう》を名乗り、摺《す》り物の口上には、市川団十郎家が初代以来代々にわたって江戸の名門としていかに歌舞伎界に貢献してきたか、一八二二年にもわたって八代目にまでおよぶ血統をたもってこられたのは、市川家が信仰している成田不動尊のご加護と江戸のごひいきによるものであること、これを強調してうったえた。

襲名の出し物は、『外郎売《ういろううり》』と『助六《すけろく》』。十歳の新団十郎には『外郎売』を、七代目の助六に、女形ナンバーワンの五代目岩井半四郎の揚巻《あげまき》、敵役のトップ五代目松本幸四郎の意《い》休《きゅう》、十二代目羽左衛門《うざえもん》の十郎という豪華な顔ぶれであった。

このとき、七代目は息子の八代目襲名にあわせて、「歌舞伎十八番」を制定したのである。

公表したのは、『不破《ふわ》』『鳴神《なるかみ》』『暫《しばらく》』『不動《ふどう》』『嫐《うわなり》』『象引《ぞうひき》』『勧進帳《かんじんちょう》』『助六《すけろく》』『外郎《ういろう》売《うり》』『押戻《おしもどし》』『矢の根《やのね》』『景清《かげきよ》』『関羽《かんう》』『七つ面《ななつめん》』『毛抜《けぬき》』『解脱《げだつ》』『蛇柳《じゃやなぎ》』『鎌髭《かまひげ》』の一八の演目である。この一八種類は初代、二代、四代の団十郎によって創演された荒事芸をみせる演目である。

ちなみに『不破』『鳴神』『暫』『嫐』『象引』『勧進帳』は初代団十郎、『不動』『助六』『外郎売』『押戻』『矢の根』『景清』『関羽』『七つ面』『毛抜』は二代目団十郎、『解脱』『蛇柳』『鎌髭』は四代目団十郎が初演した。

権威化キャンペーン

このとき、すでに演目名だけで、内容がわからないものもあったし、『勧進帳』（初代団十郎が初演したときは『星合十二段《ほしあいじゅうにだん》』という外題）などは新作同様の代物だったが、七代目にとって、そんなことはこの際、どうでもよかった。「歌舞伎十八番」の摺り物に、「代々の団十郎が演じたが、その後打ち絶えたものについては、古い書物をとりあつめ、ようやく中身がわかりました」というようなことを述べてうまく取り繕《つくろ》っている。

こうすることで、市川家が誇る「家の芸」はこんなにたくさんあるということを世間に披露し、由緒《ゆいしょ》正しき江戸を代表する役者であること、江戸の歌舞伎が代々の団十郎によって繁栄してきたことを知らしめようとしたのである。

「歌舞伎十八番」を制定するずっと以前、すでに、市川家の荒事芸が江戸庶民に全面的な支持を得ることができなくなっている状況を、ただ手をこまねいてみていたわけではない。七代目は、江戸庶民に親しみを印象づけるため、素顔や、プライベートライフを世間に公開することで、関心を集めようとした。当時の売れっ子浮世絵師、歌川国貞《うたがわくにさだ》（三代目豊国《とよくに》）が日常の生活風景を描いた錦絵は、観客の興味を大いにかきたてた。

江戸十里四方追放

捨て身の覚悟で取り組んだ市川家権威化キャンペーンは、天保十一年（一八四〇）、「歌舞伎十八番」の『勧進帳』を演じるにおよんで、成功。市川家の権威を回復したかにみえた七代目であったが、その二年後、江戸十里四方追放の刑に処せられる。

おりしも、水野忠邦《ただくに》による天保の改革の憂き目にさらされ、役者はことごとく、質素倹約のターゲットにされた。なかでも、七代目の贅沢ぶりは半端ではなかった。

居住制限を強いられていたにもかかわらず、深川島田町の住まいはみごとなものであった。長押《なげし》造りで、赤銅《しゃくどう》の釘を隠し打ちにし、庭には御影石の灯籠《とうろう》をはじめ、置物数々、土蔵のなかには不動の尊像を祭っていたが、これは惣金箔《そうきんぱく》、須弥壇《しゅみだん》は朱塗《しゅぬ》りで、彫《ほ》り物がありすべて金が入っている。天井は格子型に組んで仕上げた格天井である。簞笥《たんす》類は赤銅七七子《ななこ》で金丸桐の紋、唐櫃《からひつ》、奈良細工木彫り彩色の雛人形まで買いそろえている。舞台でつかう道具も珊瑚《さんご》の根付《ねつけ》、蒔絵《まきえ》の印籠《いんろう》などなど、いずれも贅《ぜい》をつくしたものばかり。本物の鎧《よろい》をつけて舞台に登場したものだから、贅沢が役人の耳に届くのも当然である。奢侈《しゃし》のおとがめをうけ、結局、住まいは取り壊され、ついには江戸追放となったのである。

幕府は男性原理の建前で七代目を縛ったが、本人はすこしも懲りてはいなかった。

団十郎の名を八代目にゆずって、海老蔵となった七代目は成田屋七左衛門と改名し、上方へと旅立った。大坂にお目見えした成田屋七左衛門は、ちゃっかり市川海老蔵の名前で舞台を勤めた。贅沢の咎《とが》で、江戸を追放されたにもかかわらず、大坂の住まいは、表むきは質素であったが、なかは立派で御殿のようだったという。

追放赦免の許しが出たのは、七年後の嘉永二年（一八四九）、七代目は五十二歳になっていた。江戸へ戻る七代目をそろってお迎えしようと出向いた親族門弟たち。それをひと目みようと見物人は山のようである。先に到着していた七代目はその様子を宿屋の二階から眺めながら、「景気のいいことだ」と大喜び。ところが、八代目がなにかの都合で帰ってしまうと、黒山のごとき見物もあっという間にちりぢりばらばらになって誰もいなくなってしまった。「おれをみにきたのではなかったのか」とかなりの衝撃をうけたという。

江戸追放になっても動じなかった七代目が、はじめてうろたえた瞬間だったにちがいない。

したたかな作者、河竹黙阿弥

鶴屋南北《つるやなんぼく》のあと、幕末歌舞伎時代に活躍した歌舞伎作者が河竹黙阿弥《かわたけもくあみ》（図18）である。黙阿弥は、南北の娘婿《むすめむこ》勝兵助の養子であった五代目南北の弟子だから、南北系の作者であり、実際、四代目南北を尊敬し趣向の妙を学ぶほどの熱心な信奉者だったが、南北とはいろいろな面で違っていた。

勧善懲悪

たとえば、悪人の描きかた。

『勧善懲悪覗機関《かんぜんちょうあくのぞきからくり》』は黙阿弥の作品中、もっとも極悪非道な主人公が悪のかぎりをつくす物語である。町医者村井長庵は、妹の亭主重兵衛が借金のため、娘を売った金を奪ったあげく、重兵衛を殺害する。その殺人を人になすりつけ、身におぼえのない、罪に陥れ

図18　河竹黙阿弥(〈F70-02848〉,
早稲田大学演劇博物館蔵)

る。さらに、足のつくのをおそれて、妹さえも殺し屋にたのんで、なきものにしようとたくらむ、救いがたい人物である。これほどの極悪人の最後はといえば、大岡裁きによって、おいつめられ、最後は罪をみとめてしまう。「ごめんなさい」といって白状すると、大岡が「性は善なるものじゃなあ」という。極悪人も善人にかわるという結末である。

これに対し、南北の描く悪人は『東海道四谷怪談』のお岩と伊右衛門の関係にみられるように、お岩をいじめ、死に追いやった伊右衛門は亡霊のお岩に苦しめられ、逆襲される。怨念《おんねん》をエネルギーにして、立場を逆転させ、被虐者が加虐者となり、いじめた側がいじめられる側になる。けっして改心するような悪を描かない。生命力のある悪が生き生きと描き出される。

南北の悪にくらべれば、黙阿弥の場合、長庵ほどの悪人を描きながらも、加害者、被害者を直接対決させず、両者を超越した第三者の存在によって罰せられるという点、悪のエネルギーは、はるかに弱いのである。

南北が殺しや死を強調して舞台化してみせたのにたいし、黙阿弥は「白浪作者《しらなみ》」の異名があるとおり、ゆすりや盗みを主要な見せ場としたのも、悪を本能的なものとしてとらえている南北にたいし、黙阿弥の悪が、世の中の秩序を保つために悪は罰せられなければならないとするモラルの範囲の悪であり、悪を観念として描いたからである。

罪と罰 vs. 罪と祓え

黙阿弥の悪は最後に罰せられる。その点では、勧善懲悪であり、儒教倫理の信奉者のようにみえる。

しかし、「罪イコール悪は罰せられるべきだ」いう罪悪感は黙阿弥の建前であって、彼の本音は「罪イコール悪は祓《はら》われるべきものである」という考えであった。

「罪と罰」というのは、悪を犯したものはそれにふさわしい罰を受け入れなければならないという倫理観にもとづく、中国の儒教的な考えかたである。

いっぽう、「罪と祓え」というのは、悪を犯した人間を排除する、つまり祓うことで、現世を浄化するというもの。災いのもとを一定の地域から追い払うことで、罰にかえるという考え方は日本の伝統的な罪悪感で、日本の古代には「罪と罰」ではなく、「罪と祓え」という考えかたがあった。けがれは他界から侵犯してきたもので、ふたたび、他界へおくりかえさなければならないというものだ。

黙阿弥の悪の描きかたには、「罪と罰」、「罪と祓え」という二つの要素があることはすでに諏訪春雄氏（『近世戯曲史序説』所収「第四章第二節 河竹黙阿弥」）によって指摘されている。

黙阿弥と比較した南北の悪について、悪をけがれととらえている点、一見「罪と祓え」の罪悪観を持ち合わせているようだが、罪そのものを人間の本能ととらえていたため、罪を他の地域へ追放するという祓えの観念は認められないとする。

これにたいし、黙阿弥は、罪と罰を倫理的に考えながら、作品のなかで、祓えの儀礼といったものを作品に仕組んでいると指摘する。

たとえば、お嬢吉三《じようきちさ》が『三人吉三廓初買《さんにんきちさくるわのはつがい》』の「大川端庚申塚の場《おおかわばたこうしんづか》」でいう、厄払《やくばら》いのつらねのせりふ。

月もおぼろに白魚《しらうお》の篝《かがり》もかすむ春の空、つめてえ風もほろ酔いに、心持よくうかうかと、浮かれ烏《からす》の只《ただ》一羽、ねぐらへ帰る川端に、棹《さお》の雫《しずく》か濡れ手で粟《あわ》、思いがけなく手に入る百両、ほんに今夜は節分か、西の海より川の中、落ちた夜鷹《よたか》は厄落《やくおと》し、豆沢山《まめだくさん》に一文の、銭《ぜに》と違った金包み、こいつァ春から縁起がいいわえ。

旅役者の女形だったお嬢吉三が、お七という娘に化けて、隅田川のかわべりを急ぐ夜鷹から、一〇〇両の金をまきあげると、夜鷹を川へ蹴落とし、下座《げざ》の音楽にあわせて、リズミカルな七五調で朗々とうたいあげる。夜鷹を川に突き落として、自分の悪つまり、厄を祓ったというつもりで、述べられるのである。厄払いは文字通り、不幸を払いすてるという意味で、黙阿弥の作品にはこの厄払いのせりふをきかせる演出が多用されている。

『青砥稿花紅彩画』

盗賊を主人公にした『青砥稿花紅彩画《あおとぞうしはなのにしきえ》』（文久二年〈一八六二〉、江戸市村座上演）は、祓えの儀礼が、つらね・犠牲・音楽の三つの構成要素によって進行する典型的作品である。日本駄右衛門《にっぽんだえもん》、弁天小僧《べんてんこぞう》、赤星十三郎《あかぼしじゅうざぶろう》、忠信利平《ただのぶりへい》、南郷力丸《なんごうりきまる》の五人の盗賊が、捕り手によって、稲瀬川《いなせがわ》へと追い詰められる、四幕目「稲瀬川勢揃いの場」の、五人男のつらねのせりふ。

日本駄右衛門　……産まれは遠州浜松在十四の年から親にはなれ、身のなりわいも白浪の沖を越えたる夜働き、盗みはすれど非道はせず、人に情けを掛川から金谷をかけて宿々で、義賊と噂高札に回る配付の盥《たらい》越し、危ねえその身の境涯も最早四十に人間の定めはわずか五十年……

弁天小僧　……打ち込む浪にしっぽりと女に化けた美人局《つつもたせ》、油断のならぬ小娘も小袋坂に身の破れ、悪い浮名も龍《たつ》の口《くち》、土の牢へも二度三度、だんだん越える鳥居数……

忠信利平　……幼児の折から手癖が悪く、抜け参りからぐれ出して旅をかせぎに西国を回って首尾も吉野山……、碁《ご》打ちといって寺寺や豪家へ入り込み盗んだる金が御嶽の罪科《つみとが》は、蹴抜けの塔の二重三重、重なる悪事に高飛びなし……

赤星十三郎　……鈍き刃《やいば》の腰越や砥上ゲ原に身の錆を砥ぎなおしても抜け兼ねる盗み心の深翠り……、忍ぶ姿も人の目に月影ケ谷、神輿ケ嶽、今日ぞ命の明け方に消ゆる間近き星月夜……

南郷力丸　……人なったる浜育ち仁義の道も白川の夜船へ乗り込む船盗人、波にきらめく稲妻の白刃に脅す人殺し、背負って立たれぬ罪科は、その身に重き虎ケ石、悪事千里というからはどうで終いは木の空と覚悟は予《かね》て鴫立沢《しぎたつさわ》……

白浪の黒抜きの文字がはいった傘を手に持ち、柄違《がらちが》いのそろいの紫色の衣裳に身を包んで、はなやかに登場し、七五調の音楽性豊かなせりふまわしで颯爽《さっそう》と名乗りのつらねを語ってきかせるが、耳をかたむけてみると、情けないことをいっているのである。その外見とは裏腹に、いっていることは、過去の懺悔と、現在の境遇の不安ばかりである。自分たちの行く末を見通し、覚悟をかためている。このあと、この世の浄化のための犠牲として、弁天は自害、ほかの四人は捕らえられるという結末が用意される。

こういう方法で、懺悔・犠牲・音楽の三つによって進行する祓えの儀礼は進行し、最後は青砥藤綱《あおとふじつな》という名奉行によって、悪はこらしめられ、「勧善懲悪」劇として一件落着する。

「罪と祓え」を劇中に復活させた

黙阿弥の罪悪感に「罪と罰」、「罪と祓え」のふたつの要素がみられるのは、実は黙阿弥が表むきは、「罪と罰」を道徳的に考え、勧善懲悪を標榜《ひょうぼう》しながら、本音は「罪と祓え」の罪悪感を重視していたからにほかならない。

「勧善懲悪」ものでありながら、根底には、「罪と祓え」の罪悪観をとりこんでいるというのが、黙阿弥劇の本質であった。

黙阿弥は建前として「勧善懲悪」の思想を掲げた。罪は悪として罰せられるという、「罪と罰」の考え方は、中国律令にもとづいて法体系をととのえていった男性中心社会の罪悪感であり、日本の伝統的罪悪感は「罪と祓え」であった。日本人の伝統的罪悪感を劇中に復活させたのが、黙阿弥劇ということになる。

明治以降、黙阿弥劇は、演劇改良運動の先頭を切って、歴史考証を厳密にやった活歴物《かつれきもの》や、文明開化の新世相・新風俗を取り入れた世話物が中心となっていく。したたかに時代の流れにのって、当時の花形スターである九代目団十郎や五代目菊五郎らのために作品を提供、活躍した黙阿弥であったが、華々しいわりに、作品自体はそれほど評価されるものがなかった。

そのなかで、『梅雨小袖昔八丈《つゆこそでむかしはちじょう》』や『天衣紛上野初花《くもにまごううえののはつはな》』などに真価を認められたのは、明治以前の手法をそのまま踏襲したためで、つらね・犠牲・音楽の三つの構成要素で進行する祓えの儀礼を儀式的な場面としてみせる「罪と祓え」の考え方が劇中に反映しているものであった。

明治以降の歌舞伎のゆくえ――エピローグ

九代目市川団十郎の改革

演劇改良運動

江戸時代、官憲の取締りによって、歌舞伎はたえず変質してきたように、明治時代をむかえると、文明開化と欧米化を求める社会的風潮のなかで、歌舞伎はおおきく性格をかえていくことになる。

明治維新（一八六八年）により成立した新政府は、改良政策をうちだすなかで、演劇の世界にも介入、演芸を社会教化の道具と考え、明治十九年（一八八六）には、演劇改良会を設立して、欧化主義のもと、外国と対等に付き合うための国劇としての歌舞伎を模索した。

江戸時代、散々、取締りの対象とされ、目の敵《かたき》にされつづけてきた歌舞伎は、国劇として保護されることになったのである。

天保の改革以来、辺鄙《へんぴ》な浅草辺の猿若町《さるわかちょう》においやられていた芝居小屋のひとつ守田座《もりたざ》が、都心の京橋新富町《しんとみちょう》に進出し、新富座《しんとみざ》と名称をかえて新たな出発をしたことは、今まで、すみに追いやられていた歌舞伎を中央にひっぱりだして位置づけたという意味で、明治以降の歌舞伎のありかたをもっともよく示す一例である。

心理主義

演劇改良運動の中心となったのが、九代目市川団十郎である。外国人や貴人の鑑賞にたえうる上品な作品を提供することで、政府の期待にこたえようとした団十郎は、江戸時代の歌舞伎がもっていた荒唐《こうとう》性をしりぞけた。

団十郎がもっとも力をそそいだのが、心理表現であった。団十郎は「虚」を廃し、「実」を尊重するという態度で、「肚芸《はらげい》」といわれる演技術を生み出した。「肚」というのは「心」のことで、心をうつす心理主義の演技を意味する。

たとえば、『傾城反魂香《けいせいはんごんこう》』通称『吃又《どもまた》』。絵師の又平《またへい》は土佐の苗字を許してもらいたいが、「どもり」であることを理由に、許されない。願いが叶《かな》えられないことを悲観した又平は自殺を決心、今生《こんじょう》の思い出に、師匠の庭の手水鉢《ちょうずばち》に自画像を描く。その絵が、厚さ一尺ばかりもある手水鉢を裏から表へとぬけたことがきっかけとなり、又平は師匠から土佐の苗字を許されるという芝居である。

従来、この又平は「道化《どうけ》がかった百姓」というとらえかたで演じられ、道化を強調すれば、馬鹿にみえるし、百姓らしさを強調すれば、じじむさくみえてしまうというところに注意をはらいながら演じる役であった。それを、団十郎はまず、又平をきっちり、絵師としてとらえた。「絵師だからなるべく下卑《げび》ないように」そして、死をかけてまでも、土佐の苗字をもらいたいと、そのことに執着する一刻者《いっこくもの》の精神を描き出そうとした。又平の心理行動は団十郎の「肚芸」によって舞台化、今までとは違った又平像が生み出された。

類型化された役柄ではなく、人物の個性を描き出すことをめざした団十郎は当然、脚本にも合理性を求めた。

合理性の追求

讒言《ざんげん》でしりぞけられていた加藤清正《きよまさ》が秀吉の信頼を回復するまでを劇化した『増補桃山《ぞうほももやま》譚《ものがたり》』（『地震加藤《じしんかとう》』）、楠木正成《くすのきまさしげ》の娘と正成を討った大森彦七の物語『大森彦七《おおもりひこしち》』、北条家を滅亡へ導いた高時《たかとき》を主人公に描いた『北条九代名家功《ほうじょうくだいめいかのいさおし》』（『高時』）などなど、人物の性格と筋の運びがはっきり押さえられるような性格劇としての脚本が河竹黙阿弥《かわたけもくあみ》、福地桜《ふくちおう》痴《ち》、依田学海《よだがっかい》らによって書かれた。

演出にも新しい方法がほどこされた。たとえば、加藤清正を例にあげれば、赤っ面《あかつら》、黒のビロード地の着付け、織物の袴《はかま》姿であらわれるのが、従来の清正像であったが、『地震加藤』の清正は、髭《ひげ》をたくわえた地顔に鎧《よろい》姿で登場する。従来の赤っ面の敵役《かたきやく》とはまったく別の、類型化されていない清正があらわれる。

気持ちや決心など心のうちを表現する際も、従来のように、見得《みえ》やツケ（柝《き》で板を打ち拍子を付けること）で強調する派手な演出はさけ、外国人や貴人の鑑賞にたえうる上品な作品を提供することで、政府の期待にこたえようとした。

長いあいだ、江戸時代の庶民が親しんできた様式的に誇張された演技・演出をことごとく否定した。感覚的なものを排除したのである。

団十郎は、歌舞伎が死守してきた肉体性を拒否し、精神で表現しようとしたのである。これが、九代目団十郎の改革であった。

以後、歌舞伎は心理主義を中心の表現方法として、舞台づくりをしていくこととなる。

新歌舞伎

新ジャンルの開拓

九代目団十郎の心理主義を受け継いだのが、二代目市川左団次《さだんじ》である。団十郎が活歴《かつれき》に求めた、人物の性根と筋の運びがはっきり押さえられるような劇をめざした左団次は、劇界以外の作者と提携することで、それを実現、新歌舞伎という新しい世界を開拓した。

たとえば、大正五年（一九一六）二月、東京本郷座《ほんごうざ》で初演された岡本綺堂《きどう》作の『番町皿屋敷《ばんちょうさらやしき》』は左団次扮《ふん》する旗本《はたもと》青山播磨《はりま》と市川松蔦《しょうちょう》扮する腰元お菊のやるせない恋物語。ふたりは恋仲であったが、播磨に縁談のあることを知ったお菊は、わざと家宝の皿を割って播磨の心をたしかめようとする。皿を割ったことを許した播磨は、それが、自分の愛を試すためだったと知ると激怒。愛をうたがわれた播磨はお菊を無残にもころし、井戸へ放り込む。

播磨　なにが不足でこの播磨を疑うた。

菊　おまえ様のお心に曇りのないは不断からよく知っていながらも、女の浅い心からつい疑うたはわたくしが重々のあやまり。

お菊をねじふせて激怒する播磨。その激しい怒りをみて、はじめて播磨が自分をどれ程深く愛しているかを知る。命とひきかえに手にいれた愛の証《あかし》。お菊はきっぱりという。

菊　女が一生に一度の男、恋にいつわりのなかったことを確かにそれとみきわめましたら、死んでも本望でござります る。

播磨は、皿が惜しくてお菊を成敗するのではない。お菊に疑われたこと、純愛を疑われたことへの怒りがお菊を成敗するのである。播磨の純愛の証は、残りの皿を自ら割るという演出でみせていく。主人公ふたりの心情をせりふのやりとりでみせながらストーリーを展開していくという方法は、近代人の苦悩をみごとに描き出した。

そしてきわめつけのせりふ。

播磨　もしいつわりの恋であったら、播磨もそなたを殺しはせぬ。いつわりならぬ恋を疑われ、重代《じゅうだい》の皿を割ってまで試されては、どうも許すことは相ならぬ。

このせりふによって、播磨との恋が命をかけるに値するものであったことを観客は実感する。芝居の世界のできごとが、時空をこえて真実味をおびる瞬間である。

結末は、「一生の恋を失うて、あたら男一匹、なにをして生くる身ぞ」といいながら、町奴とのけんかに駆け出していくところで幕となる。

脚本本位の芝居づくり

この作品は、大切な皿を割った罪をきせられて殺され、古井戸に投げ込まれた菊という女が、幽霊となって皿を一枚二枚とうらめしげに数える、日本各地に古くからある皿屋敷伝説の世界をかりたものである。古くからの題材を扱いながら、お菊ではなく、殺す側の男の心理に光をあて、近代的恋愛心理劇に書きかえたところに新しさがある。

脚本本位の芝居づくりは、心の合理性を伝えることに成功、新歌舞伎は、本来、歌舞伎が持っている役者の肉体そのものが発する身体感覚を否定したことによって成立したのである。

こうして歌舞伎は、九代目団十郎の確立した、心理主義を方法として、近代化の道をひたすらあゆみ、こんにちにいたっている。

現代の歌舞伎

猿之助歌舞伎

昭和四十三年（一九六八）四月、国立劇場で、『義経千本桜《よしつねせんぼんざくら》』が上演された。この公演が注目をあつめたのは、三代目市川猿之助《えんのすけ》が、「河連法眼館《かわつらほうげんやかた》」通称「四ノ切《しのきり》」を今までとは違った演出でみせたからである。

「四ノ切」は、頼朝《よりとも》に追われる義経《よしつね》が、恋人静《しずか》御前《ごぜん》に、大切な初音《はつね》の鼓《つづみ》を形見として与える。実はこの鼓はいわくつき。義経への思いを立ちきれない静御前は義経の忠臣佐藤忠《ただ》信《のぶ》をお供に、義経がひそんでいる吉野山へやってくるところからはじまる。

静御前が義経を訪ねると、そこに、郷里から帰ったばかりという忠信がいた。不審に思った静御前が詮議すると、静を供してきた忠信は実はキツネ。親キツネの皮が鼓にはられているため、あとを慕ってきたのだ。それを知った義経がキツネにその鼓を与えるというストーリーである。

「四ノ切」は、明治以降、六代目尾上菊五郎が明治の名優五代目菊五郎から受け継ぎ、狐が親を慕う情をテーマにみせるという近代的解釈のもとに完成させた「音羽屋型」が主流だった。猿之助は初代猿之助以来の、早がわりやキツネの変化《へんげ》ぶりをみせるケレン中心の「沢瀉屋型《おもだかや》」を復活してみせたのである。

猿之助の方法

しかし、そのまま復活しただけではなかった。猿之助の方法は、音羽屋型の「情」に注目し、親を思う美しい情を持った子狐を、沢瀉屋型のケレンをつかって表現するというものであった。

狐が親に対する情をあらわすのが狐忠信《きつねただのぶ》の性根《しょうね》であるという点に着眼した六代目

菊五郎は、やはり芸の創造者として卓抜した人であったと改めて尊敬の念を抱かざるをえません。（中略）現在の音羽屋型の真髄は、どうやるこうやるという手順や形でなく、情が中心だというその情の表現に六代目の芸のこころがあるのだと思い、私はこの狐忠信のこころを学んでやっているつもりです。（『おもだか』創刊号）

猿之助の演出に対する基本的な態度を知るうえで興味深い一文である。型どおりやることを伝承と誤解している役者への批判めいた発言をふくみながら、狐の持つ情のうつくしさを中心に表現する「音羽屋型」と「沢瀉屋型」のケレンの方法を折衷《せっちゅう》した「猿之助沢瀉屋型」ともいうべき型を創案したということを伝えている。

さらに「猿之助沢瀉屋型」の決定的な演出は、幕末の名人四代目市川小団次《こだんじ》がやっていた、幕切れに宙乗《ちゅうの》りで引っ込むという「宙乗りの狐忠信」を取り入れたことだった。

江戸歌舞伎への回帰

私は宙乗りの引込みにおいて、源九郎狐《げんくろうぎつね》が親鼓とたわむれながら、狂喜乱舞して空を飛んで古巣へ帰ってゆくという悦びの情《こころ》を表現して、源九郎の狐の身の上話の親を恋う哀しみの情と対照させようと試みているつもりです。（『おもだか』一四）

喜びの情と悲しみの情を対比させるための有効な手段が宙乗りのケレンだといっている

ように、ここには猿之助の歌舞伎術の基本が示されている。江戸時代の歌舞伎がもち合わせていた理屈抜きのたのしさと、近代以降、歌舞伎が獲得した登場人物の性格や心理を表現する演技とを合体させた歌舞伎を志向している。

こうして、江戸時代の歌舞伎のおもしろさと近代以降の情を描き出す写実のいいところを合体させるやり方は大成功。「四ノ切」といったら猿之助、猿之助といったら「四ノ切」というくらい狐忠信の宙乗りは有名になった。

以後、猿之助は三S、すなわち、STORY（物語性）、SPEED（テンポの速さ）、SPECTACLE（視覚にうったえるたのしさ）の特色を基本に、古典の新演出、古狂言の復活、スーパー歌舞伎の創演という三つの柱を中心に、猿之助歌舞伎の名で演劇運動を展開している。

明治時代、西欧の近代合理主義の影響をうけ、合理性や写実性を志向した九代目団十郎、五代目菊五郎の系統をひく歌舞伎が主流となっていった。その命脈をたもつ現行歌舞伎が、切り捨ててしまった、江戸時代の歌舞伎がもつ非合理の魅力や説得力、見世物性や卑近な面白さに目を向け、現行歌舞伎に取り入れ、現代に再生しようとしたところに、猿之助歌舞伎が支持されている秘密がある

まとめ――演劇史における男性原理と女性原理

男性原理と女性原理の葛藤と調和（あるいは対立と融和）として近世演劇を考えるという独自の視点で、人形浄瑠璃と歌舞伎の歴史を検討してきた。

この江戸時代を代表する二大娯楽が、かたや女性原理優位、かたや男性原理優位と、まったく本質を異にしながら、もっとも影響しあったのは、互いが両原理を含みもっていたからである。

誕生したとき、歌舞伎は、肉体の女性原理を優越させながらも、ことばの男性原理を含んでいたように、人形浄瑠璃はことばの男性原理を優越させながら、人形の女性原理を含んでいた。

その後、男女両原理は、時代のうつりかわりとともに、いりまじり、しだいに複雑化、一方が優越することもあれば、あるところでは調和し、あるところでは反発しながら、展開してきたのである。

歌舞伎が男女両原理の統合をめざしながら、今日まで四〇〇年の歴史を刻んできたと考えると、男女両原理を統合することを試みている猿之助歌舞伎は、歌舞伎の歴史の一つの到達点として位置付けることができるのかもしれない。

歌舞伎、人形浄瑠璃・文楽がこんにちまで、四〇〇年の歴史をあゆむことができたのは、歴史と人間の本質を具現する男女両原理に支配され、統合してきたためで、これからもすたれることなく、永続していくであろう。

あとがき

今年は、京都で歌舞伎踊をはじめた出雲のお国が、歴史上にその名をあらわしてから四〇〇年。舞台をはじめ、記念講演やシンポジウムなどなど、歌舞伎の創始者お国を祭り上げ、誕生四〇〇年を祝った。

江戸時代に成立した二大芸能の歴史をふりかえることで、二十一世紀の現在も興行として成立しつづけている秘密をときあかしてみたのが本書である。

「男性原理」、「女性原理」という対立するふたつの原理をキーワードとして採用したのは、近世演劇への新しいアプローチをこころみるためである。

誕生から現代まで編年体の形式で構成されているが、

①影響しあったそれぞれの芸能の本質とはどのようなものであったのか。

②なぜ本質の違うものが、影響しあうことができたのか。

このふたつの問題を中心に近世演劇の構造を解明することを目的としたため、四〇〇年の演劇史の事象を一つ一つ取り上げることはあえてしなかった。

ときとして退屈になりがちな演劇の歴史を、切り口をかえることであらためて読み解くことができたと思う。

こうしたものごとのとらえかたや思考法は、恩師である学習院大学の諏訪春雄先生の影響を強くうけているし、また、多大なるご指導もいただいた。あらためて感謝を申し上げます。

編集担当の一寸木紀夫氏、永田伸氏には、読者の立場から、読みやすい『歌舞伎と人形浄瑠璃』をめざしてご協力いただいた。ありがとうございました。

そして、この本を手にとってくださった読者のみなさまに、あらたなる歌舞伎や人形浄瑠璃・文楽の世界がひらけることを祈りつつ、お礼を申し上げます。

二〇〇三年十月

田口章子

主要参考文献

『元禄歌舞伎の研究』諏訪春雄、笠間書院、一九六八年
『歌舞伎開花』諏訪春雄、角川書店、一九七〇年
『歌舞伎の伝承　美と心』諏訪春雄、千人社、一九八一年
『近世戯曲史序説』諏訪春雄、白水社、一九八六年
『歌舞伎へどうぞ』諏訪春雄、ポプラ社、一九九三年
『歌舞伎の方法』諏訪春雄、勉誠社、一九九九年
『歌舞伎の源流』諏訪春雄、吉川弘文館、二〇〇〇年
『日本演劇史』伊原敏郎、早稲田大学出版部、一九〇四年
『近世日本演劇史』伊原敏郎、早稲田大学出版部、一九二三年
『明治演劇史』伊原敏郎、早稲田大学出版部、一九三三年
『慶長見聞集』(『日本庶民生活史料集成』第八巻)三一書房、一九八五年
『江戸名所記』名著出版、一九七六年
『時慶卿記』(『ビブリア』四〇・四一)天理図書館、一九六八・六九年
『体系日本史叢書二一　芸能史』山川出版社、一九九八年
『市川團十郎の代々』服部幸雄、講談社、二〇〇二年

『若衆歌舞伎・野郎歌舞伎の研究』武井協三、八木書店、二〇〇〇年
『岩波講座　歌舞伎・文楽』岩波書店、一九九七〜九八年
『浄瑠璃史の十八世紀』内山美樹子、勉誠社、一九八九年
『人形浄瑠璃舞台史』八木書店、一九九一年
『古浄瑠璃正本集』角川書店、一九六四〜八二年
『未刊随筆百種』中央公論社、一九七八年
『金平浄瑠璃集』角川書店、一九六七〜六九年
『近松歌舞伎狂言集』六合館、一九二七年
『歌舞伎評判記集成』岩波書店、一九七二〜七七年
『日本名著全集　浄瑠璃名作集　上下』日本名著全集刊行会、一九二七年
『帝国文庫　紀海音　並木宗輔　浄瑠璃集』博文館、一九二九年
『資料集成　二世市川団十郎』和泉書院、一九八八年
『燕石十種』国書刊行会、一九〇九年
『日本庶民文化史料集成　七』三一書房、一九七八年
『日本文学古典大系　歌舞伎十八番集』岩波書店、一九六五年
『新日本古典文学大系　竹田出雲・並木宗輔浄瑠璃集』岩波書店、一九九一年
『徳川文芸類聚』国書刊行会、一九七〇年
『評釈江戸文学叢書　歌舞伎名作集　上』講談社、一九七〇年

『評釈江戸文学叢書　傑作浄瑠璃集　下』講談社、一九七〇年
『独判断』「近松半二『独判断』の翻刻にあたって」（『羽衣学園短期大学紀要』）吉永孝雄、一九七二年一月
「浪華日記行」（大阪大学『語文』第八・九）、小島吉雄、一九五三年
『鶴屋南北全集』三一書房、一九七一～七四年
『黙阿弥全集』春陽堂、一九二三～二六年
『番町皿屋敷』東京創元社、『名作歌舞伎全集』第二〇巻所収、一九六九年
『季刊　おもだか』春秋会事務所、一九七一年～

著者紹介

一九五七年、東京都に生まれる
一九八五年、学習院大学大学院
　博士前期課程修了
二〇〇三年、文学博士（学習院大学）
現在、京都造形芸術大学芸術学部教授

主要著書
ミーハー歌舞伎　江戸時代の歌舞伎役者　おんな忠臣蔵　二十一世紀に読む日本の古典東海道四谷怪談

歴史文化ライブラリー
170

歌舞伎と人形浄瑠璃

二〇〇四年（平成十六）一月一日　第一刷発行

著　者　田《た》口《ぐち》章《あき》子《こ》
発行者　林　英男
発行所　株式会社　吉川弘文館
東京都文京区本郷七丁目二番八号
郵便番号一一三―〇〇三三
電話〇三―三八一三―九一五一〈代表〉
振替口座〇〇一〇〇―五―二四四
http://www.yoshikawa-k.co.jp/
印刷＝株式会社　平文社
製本＝ナショナル製本協同組合
装幀＝山崎　登

歴史文化ライブラリー

1996.10

刊行のことば

現今の日本および国際社会は、さまざまな面で大変動の時代を迎えておりますが、近づきつつある二十一世紀は人類史の到達点として、物質的な繁栄のみならず文化や自然・社会環境を謳歌できる平和な社会でなければなりません。しかしながら高度成長・技術革新にともなう急激な変貌は「自己本位な刹那主義」の風潮を生みだし、先人が築いてきた歴史や文化に学ぶ余裕もなく、いまだ明るい人類の将来が展望できていないようにも見えます。このような状況を踏まえ、よりよい二十一世紀社会を築くために、人類誕生から現在に至る「人類の遺産・教訓」としてのあらゆる分野の歴史と文化を「歴史文化ライブラリー」として刊行することといたしました。

小社は、安政四年（一八五七）の創業以来、一貫して歴史学を中心とした専門出版社として書籍を刊行しつづけてまいりました。その経験を生かし、学問成果にもとづいた本叢書を刊行し社会的要請に応えて行きたいと考えております。

現代は、マスメディアが発達した高度情報化社会といわれますが、私どもはあくまでも活字を主体とした出版こそ、ものの本質を考える基礎と信じ、本叢書をとおして社会に訴えてまいりたいと思います。これから生まれでる一冊一冊が、それぞれの読者を知的冒険の旅へと誘い、希望に満ちた人類の未来を構築する糧となれば幸いです。

吉川弘文館

〈オンデマンド版〉
歌舞伎と人形浄瑠璃

On Demand
歴史文化ライブラリー
170

2018年（平成30）10月1日　発行

著　者　田《た》口《ぐち》章《あき》子《こ》
発行者　吉川道郎
発行所　株式会社　吉川弘文館
〒113-0033　東京都文京区本郷7丁目2番8号
TEL　03-3813-9151〈代表〉
URL　http://www.yoshikawa-k.co.jp/

印刷・製本　大日本印刷株式会社
装　幀　清水良洋・宮崎萌美

田口章子（1957～）

ISBN978-4-642-75570-2